МИХАЭЛЬ ЛАЙТМАН

«ТАЙНЫ ВЕЧНОЙ КНИГИ»

КАББАЛИСТИЧЕСКИЙ КОММЕНТАРИЙ К ТОРЕ

ТОМ 5

«УКАЖИ»
«КОГДА БУДЕШЬ ВЕСТИ СЧЕТ»
«И СОБРАЛ»
«ИСЧИСЛЕНИЯ»
«И ПРИЗВАЛ»

МЕЖДУНАРОДНАЯ
АКАДЕМИЯ
КАББАЛЫ

УДК 130.122
ББК 87.3
Л18

Все права защищены. Никакая часть данной книги не может быть воспроизведена в какой бы то ни было форме без письменного разрешения владельцев авторских прав.

Лайтман Михаэль

Л18   Тайны Вечной Книги. Том 5 / Михаэль Лайтман – М.: НФ «Институт перспективных исследований», 2018. – 304 с.

ISBN 9781772281293

Подобного раскрытия Торы до сих пор не было.
Дайте себе немного времени, войдите в материал, и, уверяю вас, вы не оторветесь от этой книги. Потому что почувствуете, что она – о вас. И она нужна вам, как близкий друг, который всегда поможет, придет на помощь, будет рядом и в горе, и в радости.

Семен Винокур, автор и ведущий серии передач с Михаэлем Лайтманом «Тайны Вечной Книги»

УДК 130.122
ББК 87.3

© Laitman Kabbalah Publishers, 2018
ISBN 9781772281293   © НФ «Институт перспективных исследований», 2018

ОГЛАВЛЕНИЕ

ПРЕДИСЛОВИЕ — 7

ГЛАВА «УКАЖИ» — 9
- ПОЧЕМ НЫНЧЕ ЧЕЛОВЕЧЕСКАЯ ЖИЗНЬ? — 10
- ПЯТЬ ГРУСТНЫХ СОЛДАТ, ПЯТЬ ВЕСЕЛЫХ СОЛДАТ… — 12
- НИЧЕГО НЕЛЬЗЯ ПРЕДУГАДАТЬ — 15
- ПОСТОЯННО ОЗАРЕН ВЫСШИМ СВЕТОМ — 18
- ЭТА ДУША ПОДЕЛЕНА ПОПОЛАМ — 20
- ВДОХИ И ВЫДОХИ КАББАЛИСТА — 22
- ВЕЛИКОЛЕПНЫЕ ОДЕЖДЫ — 26
- ЗОЛОТЫЕ НИТИ И ГОЛУБАЯ ШЕРСТЬ — 29
- ЧТО ЗНАЧИТ ИМЯ? — 32
- ЗОЛОТО. КАМНИ. ХРАМ — 35
- БРИЛЛИАНТ И УГОЛЬ — 38
- ГОЛОЕ ТЕЛО ЭГОИЗМА — 41
- ШНУРОК ИЗ ГОЛУБОЙ ШЕРСТИ — 44
- И СОБЕРИ КРОВЬ БЫКА … — 47
- ЖЕРТВЕННИК – НЕ МАНГАЛ — 51
- ЧТО ЭТО ЗА БОГ?! И ЧТО ОН ТРЕБУЕТ ОТ ЛЮДЕЙ? — 52

ГЛАВА «КОГДА БУДЕШЬ ВЕСТИ СЧЕТ» — 57
- КАК ПОБЕДИТЬ СКОРПИОНА — 61
- ПОЛЕ ЛЮБВИ — 64
- ОДЕЖДА, ПАЛАТКА, ВЕСЬ МИР — 67
- РОЗА ИЗ КАМЕННОГО СЕРДЦА — 71
- ПРОБЛЕМЫ НОВОРОЖДЕННОГО — 74
- ЗОЛОТЫЕ КОЛЬЦА В УШАХ — 77
- ПОВТОРЯЮЩИЙСЯ СЦЕНАРИЙ — 81
- СОАВТОР КНИГИ — 84

ВОР УКРАЛ КАББАЛУ	86
НЕ ГУБИ НАРОД СВОЙ!	90
СДЕЛАЕМ И УСЛЫШИМ	93
СТРАНА БЕЗ ТВОРЦА	96
ТОЧКА ЛЮБВИ В КАЖДОМ	100
ЖЕНЩИНА И ЕЕ УКРАШЕНИЯ	103
УБИТЬ ВСЕХ СВОИХ БЛИЗКИХ?	107
ШЕСТЬ ВИДОВ НАСЛАЖДЕНИЙ	110
ПЕРЕГОРЕВШИЕ ЛАМПОЧКИ	113
СЕКС, АГРЕССИЯ, НАРКОТИКИ	117
ГОЛЛИВУД НА СЛУЖБЕ У КАББАЛЫ?	121
НЕПРЕКЛОННЫЙ НАРОД	123
В ОЖИДАНИИ ЧУДА	126
У ВХОДА В ШАТЕР ОТКРОВЕНИЯ	130
НЕТ НИЧЕГО ЛИШНЕГО В ЧЕЛОВЕКЕ	133
ЯД ОТ ТВОРЦА	136
ПОДЪЕМ В МИР БЕСКОНЕЧНОСТИ	139
И СПУСТИЛСЯ БОГ В ОБЛАКЕ	143
ЧУДЕСА, КОТОРЫХ ЕЩЕ НЕ БЫЛО НА ЗЕМЛЕ	146
БОГ-РЕВНИТЕЛЬ	149
КОВАРНАЯ ИЗМЕНА	152
ТРИЖДЫ В ГОДУ ПРЕД ЛИЦОМ БОГА	155
ТВОРЕЦ ПИШЕТ НА КАМЕННОМ СЕРДЦЕ	156
МОШЕ С РОГАМИ	159
СЫН НИЩЕГО И СЫН ЦАРЯ	162
ВСЕМ СТРАШНО	164
ИСТИНА ОПРАВДЫВАЕТ ВСЕ	167
НАВСТРЕЧУ ЧЕЛОВЕКУ, КОТОРЫЙ НАС НЕ ЖДЕТ	170
ЛЮДИ ПРИВЫКЛИ К ТОМУ, ЧТО БУДЕТ ВОЙНА...	173
ГЛАВА «И СОБРАЛ»	**177**
СБОРКА ДУШИ	178
В СУББОТУ РАБОТАЕТ СВЕТ	181

ПОЛУЧАЕТСЯ БОЛЬШОЙ РОМАН	184
6000 ЛЕТ… А ЧТО ДАЛЬШЕ?	186
ПРИНОШЕНИЯ ЩЕДРЫХ СЕРДЦЕМ	188
В ТЕНИ ТВОРЦА	192
УПРАВЛЕНИЕ ДВУМЯ ВОЖЖАМИ	196
СТРОИТЕЛЬСТВО КОВЧЕГА	199
МИР ПОЙДЕТ ЗА БЕЦАЛЕЛЕМ	202

ГЛАВА «ИСЧИСЛЕНИЯ» — 207

МАРКС НЕ ТО ИМЕЛ ВВИДУ	208
ОГРАНИЧЕННАЯ СВОБОДА ВОЛИ	212
ПЛОХО БЕЗ ВРАГОВ	217
ОДЕЖДА БЕЗ КАРМАНОВ	222
ТКАНИ, НИТИ, ШКУРЫ	225
БУХГАЛТЕРСКИЙ ОТЧЕТ	227
СТОЯНИЕ В ПУСТЫНЕ	230

ГЛАВА «И ПРИЗВАЛ» — 235

ЖЕРТВЕННЫЕ ЖЕЛАНИЯ	236
РАСКРОЙ – И НЕ БУДЕТ ТАЙНЫ	240
МУЖСКОЕ И ЖЕНСКОЕ НАЧАЛО	243
ВЛАДЕЙ СВОЕЙ ТАЙНОЙ	246
ПОСТРОЕН ДОМ	249
ТВОРЦА НЕТ, ОСТАЕТСЯ ЧЕЛОВЕК	253
МОСТИК В ДРУГОЕ МИРОЗДАНИЕ	257
ОКРОПЛЕНИЕ КРОВЬЮ	260
ОТ ПЕРЕСТАНОВКИ МЕСТ СЛАГАЕМЫХ МЕНЯЕТСЯ ВСЁ	262
ОТ РОМАНТИКИ К ТЕРРОРУ	267
ОСОЗНАНИЕ ТУПИКА	271
ДЛЯ ЧЕГО МЫ РОДИЛИСЬ?	274
ДВА ЭТАПА РАСКРЫТИЯ	279
СОПРОТИВЛЕНИЕ ЭГОИЗМА	282
ХЛЕБНЫЙ ДАР	284

ПРОЦЕСС БРОЖЕНИЯ	289
ГРЕХ В ЧЕЛОВЕКЕ ЗАЛОЖЕН ИЗНАЧАЛЬНО	293
ПРИЛОЖЕНИЕ	**299**
ОБ ИЗДАНИИ «ТАЙНЫ ВЕЧНОЙ КНИГИ»	300
СОДЕРЖАНИЕ ТОМОВ	300
МИХАЭЛЬ ЛАЙТМАН	301
СЕМЕН ВИНОКУР	301
МЕЖДУНАРОДНАЯ АКАДЕМИЯ КАББАЛЫ	302
УГЛУБЛЕННОЕ ИЗУЧЕНИЕ КАББАЛЫ – ЕЖЕДНЕВНЫЙ УРОК	302
ИНТЕРНЕТ-МАГАЗИН КАББАЛИСТИЧЕСКОЙ КНИГИ	303

Предисловие

Когда мы снимали серию телепередач «Тайны Вечной Книги», мы все время ловили себя на мысли: «Лишь бы не прекращалось это чудо»...

Вот именно для того, чтобы сохранить это ощущение, мы и оставили все, как было.

Вот так, в виде свободной беседы все и происходило.

Мы получали ответы на сложнейшие вопросы.

Перед нами раскрывался волшебный мир Торы.

Точнее сказать, мы впускали ее в себя.

И открывалось нам, что это действительно инструкция, и действительно единственная в своем роде.

В книге все сохранено. И даже личные темы, которые вдруг возникали по ходу беседы, они тоже вошли в книгу.

Дорогие читатели, мы советуем вам, «отпустите весла» и начните сплавляться по этой великой реке жизни, которая называется каббалистический комментарий к главам Торы.

Читайте не торопясь, тогда вы почувствуете неповторимый вкус этой книги.

И захотите прочитать ее еще и еще раз.

У нас надежный проводник. Он чувствует эту реку, как свою, она для него – родная.

Каббалист Михаэль Лайтман раскрывает нам тайны Книги, в которой написано абсолютно все о каждом из нас.

О том, как нам жить.

Как быть счастливыми.

Двинемся же вслед за ним в это увлекательное путешествие!

*Семен Винокур, автор и ведущий серии передач
с Михаэлем Лайтманом «Тайны Вечной Книги»*

Глава
«УКАЖИ»

ПОЧЕМ НЫНЧЕ ЧЕЛОВЕЧЕСКАЯ ЖИЗНЬ?

Продолжая исследовать текст Торы, мы подошли к главе, которая называется «Тецавэ». Тексты непростые, попробуем их все-таки объяснить.

Творец говорит Моше: «Указывай народу». Так и называется глава: «Ве ата тецавэ» – «Укажи».

Мы говорили раньше о том, как строить Ковчег, из чего должно состоять Святилище Завета. Сейчас рассказываем, кто служит здесь, кто может приблизиться к служению. Это очень интересный вопрос. С одной стороны, мы говорили, что – каждый. Но оказывается – вовсе не каждый.

Служители этого места – коэны и левиты.

Это естественно. Ведь мы говорим не о людях.

И даже если мы говорим о людях, все люди – тоже разные, у каждого из них свои особенности. Ты занимаешься киносценариями. Я, по своей природе или, по крайней мере, исковерканной в детстве природе, увлекся техникой: электронно-вычислительные машины, кибернетика. Потом немножко это все связал с внутренним устройством человека, занимаясь биомедицинской кибернетикой.

Хорошая подготовка, кстати, получилась. Корректировали все

Да, корректировок – огромное количество.

Что я хочу сказать? У каждого человека есть свое предназначение. Не представляю, как можно сказать о каком-то человеке, что он лишний в мире. Но вот что удивительно, современного человека не особенно волнует ситуация,

Глава «УКАЖИ»

когда погибают другие люди. Подсчитывает ли кто-то сегодня в мире потери от катастроф, происшествий, войн?

Когда-то в бывшем Ленинграде нас обязывали участвовать в дружине. Мы дежурили в своем родном районе на Петроградской стороне. Там находился ЛЭТИ, в котором я начинал учиться, потом перешел в Политех, потому что там открылась кафедра БИМК (биологическая медицинская кибернетика).

Тогда в милиции впервые мы услышали: «Срочно выезд на такую-то улицу, допустим, на Гатчинскую, на Левашовский проспект – убийство». Нигде же не писалось об этом, нигде не говорилось. И мы были ошеломлены: «Есть убийства?!» В городе, где мы живем, муж убил жену или сосед соседа, или еще кто-то кого-то! Для нас это было поразительно.

Сегодня слышишь: тысячу человек – в Ливане, тысячи – в Сирии, тысячу – в Египте… И это только на близлежащих от нас территориях.

И внутри ничего не вздрагивает.

Ничего. Никого ничего совершенно не волнует. Проходит пару недель, ежедневно продолжаются потери, вандализм, тогда в ООН начинают осуждать.

А убивать продолжают. Что же произошло? Что за скачок такой?

В мире на самом деле нет ни одного лишнего человека, каждый выполняет свое предназначение. И когда высшее управление убирает людей такими кровавыми методами, это говорит о том, что мы не можем правильно использовать эту жизнь. Поэтому от нас ее убирают, по ходу дела исправляя ее вынужденной смертью.

Как реагирует человек, наблюдающий все это.

Наблюдает. Никто сегодня в мире ничего не делает. Люди настолько пассивно относятся ко всему, что даже в СМИ не упоминаются какие-либо международные организации, которые выходили бы на улицы, кричали и требовали: «Остановите этих! Успокойте тех! Призываем что-то сделать!» Никто ни к чему не призывает. Все спокойны. Если бы правительствам не надо было реагировать на такие события в рамках «хорошего тона» – джентльменского, международного, дипломатического, то и СМИ уже не публиковали бы этого. Зарезали пару тысяч там, пару тысяч здесь, так каждый день – ничего страшного.

В древнем мире, кстати, человеческая жизнь была намного весомей. Нам только кажется, что нет. Гораздо весомей. И при рабовладельческом строе в том числе. Раб, рабыня стоили больших денег, они могли хорошо себя окупать. Их кормили, одевали, взамен они делали какую-то работу с утра до вечера, – ими дорожили.

Написано во многих книгах, в Талмуде, например, как надо ухаживать за рабом. Раб может дать хозяину прибыль намного большую, чем простое животное, раб может управлять животными. Преданный, хороший раб – это большие деньги.

ПЯТЬ ГРУСТНЫХ СОЛДАТ, ПЯТЬ ВЕСЕЛЫХ СОЛДАТ...

Мы знаем, что во время тех войн не столько убивали, сколько брали в рабство.

Зачем убивать?! Понятно, если война, если идет стенка на стенку, что в том мире было естественно, потому что исход боя решался рукопашными схватками, тогда, конечно, убивали. Но в общем жизнь ценилась.

Она ценилась еще и потому, что не было социальной опоры. Ведь если мужчину убивали, жена и дети умирали с голода, – не было никаких социальных связей, организаций, систем, которые бы поддерживали их.

На самом деле на войну уходило мало людей. Войны решались между десятками, сотнями людей с каждой стороны, – не более! Даже во времена Дмитрия Донского, Александра Невского, когда они воевали с крестоносцами, – десятки людей сражались на самом-то деле. Это в кино показывают – туча идет.

Чудское озеро, фильм Сергея Эйзенштейна «Александр Невский». Я помню это кино. Сотни людей... Побоище.

Да-да. А на самом деле не было такого количества людей. Есть на эту тему очень интересные исследования. Там было, может быть, от 20 до 30 человек с немецкой стороны и с русской стороны еще пара десятков, – и всё! Это совсем не те масштабы и не то, что сегодня мы себе представляем по фильмам и романам.

Тогда такой очень важный вопрос: до чего нас доведет постоянное обесценивание человеческой жизни? Что ожидается? Прогноз Вы можете дать?

Обесценивание человеческой жизни заключается не в том, сколько людей живет на Земле. Оно в нашем отношении к каждому человеку. Мы не чувствуем никакого ущерба оттого, что уходит человек. И свою жизнь мы, в общем-то, ценим меньше, чем надо было бы ее ценить, потому что не видим смысла ни в своей жизни, ни в жизни других людей.

Раньше все было естественно. Оплакивали людей. Уважали жизнь. Уважали смерть. Уважали детство, детей. То есть эти ценности имели больший вес. Ведь все оценивается только человеком.

Сегодня при желании у нас есть возможности дать человеку долгую и относительно здоровую и обеспеченную жизнь, хорошо поставить его на ноги, воспитать, сделать из него наполненного, знающего, ощущающего всю полноту жизни человека. Хотя бы временно… Живет же он свои 70-80 лет, сегодня уже и до 100 можно дожить, и больше.

Однако одновременно с новыми возможностями у людей пропало желание жить, – вот что интересно. Если бы мы откровенно поговорили со многими людьми в мире, они бы сказали: «Мы живем поневоле. Просто страшновато думать, что ты ляжешь и больше не встанешь. Но в общем, если бы с нами сделали это безболезненно, то мы бы согласились умереть».

Многие люди в мире думают о смерти – не о самой смерти, а о том, что все бесполезно, что не хочется мне переживать, ощущать то, что сейчас я ощущаю как жизнь.

Что будет с этой тенденцией? Этот процесс еще будет усиливаться?

Это переоценка смысла жизни. Она должна пройти.

Растет количество людей, страдающих от депрессий, принимающих антидепрессанты. Сейчас во всем мире их переводят на наркотики. Мы движемся к тому, что наркотики будут легализованы. Но такие наркотики, чтобы человек поддерживал себя и не падал на руки общества, чтобы не надо было за ним ухаживать, каким-то образом цивилизованно убивать его. Наркотиками ты убиваешь очень красиво.

Поиски смысла жизни заменят наркотики?

Да, это уже решено мировыми элитами. Самый лучший выход, самый дешевый, самый простой. В этом представители элиты уже смогли победить фармацевтических гигантов и производителей табака, сигарет, – уже все сделано, то есть принято решение на следующем уровне.

Но это же не этап исправления. «Ложиться спать» – так это называется.

НИЧЕГО НЕЛЬЗЯ ПРЕДУГАДАТЬ

В руках элиты нет никаких инструментов, никаких средств для того, чтобы исправлять человечество. И для чего исправлять? Во имя чего?! У них нет этой цели, нет видения картины будущего!

Когда они получат это видение? Как это произойдет?

Тогда, когда несмотря ни на что, у них не останется другого выхода. Или еще, может быть, войны… Но войны, я думаю, все-таки не глобальные, потому что трудно предсказать результаты.

Вот если война охватит полконтинента, то, возможно, что-то проснется в них. Но тут тоже проблема, потому что все время обнаруживается все большая и большая взаимосвязь между всеми частями Земли. И потрясения могут аукнуться в совершенно другом месте. И в конце концов будет ли после этого возможность управлять?

Если бы остался один миллиард людей, нормальная экология, все чистенькое и упорядоченное, – это было бы, конечно, идеально для элиты. Она пошла бы на это, несомненно, потому что для нее самое главное – власть в нормальном, хорошо благоустроенном мире. Сидеть наверху и управлять современным безумием смысла нет.

Проблема в том, что сегодня, когда раскрывается глобальная взаимосвязь, в мире ничего предугадать нельзя. Каждый день обнаруживается, что власти у власть имущих все меньше и меньше.

Они думают о возможном будущем сценарии?

Они не могут осознать его. Не могут, потому что не в состоянии осознать второй половины природы: у них нет той части, которая построена на абсолютной отдаче и любви. Нет понимания, что на самом деле нами управляет абсолютная отдача и любовь; она проявляет свою противоположность для того, чтобы притянуть нас к себе, оттолкнуть от нашей нынешней природы. Этого у власть имущих нет, то есть причины настоящего кризиса они не понимают.

Они считают, что это финансово-экономический кризис, перепроизводство. Они не понимают, что мы находимся в кризисе потому, что спускается, нисходит на наш мир высшая сила, она приближается к нам. Эта сила – абсолютная любовь и добро. И потому в наших эгоистических желаниях она проявляется противоположной.

В итоге, именно высшая сила должна вызвать в нас осознание противоположности, необходимости измениться. Но это осознание власть имущие не могут получить от самой высшей силы, они должны получить его от нас, а нас пока не слышат. В этом виноваты мы и отчасти, может быть, они.

Высшая сила нисходит в наш мир. Она заставляет нас видеть, что есть одно управление, есть одна цель, есть один путь, есть одно целенаправленное движение. И вопрос только в том, куда эта целенаправленность устремлена, к чему ведет, каким образом?

Хотя сегодня уже улавливается, что это одна сила, одна идея. Уже понятно, что все задано свыше, только не понятен еще процесс и нет осознания его цели. Но это, я думаю, дело ближайшего будущего, нам надо очень постараться быстро объяснить.

Это важнее, чем показать, что мы можем исправить, и продемонстрировать хороший результат. Мы должны это делать, и сейчас, в основном, этим и занимаемся: распространение, и еще распространение!

Это и есть «Вэ ата тецавэ» – «И ты обязуй, и ты укажи».

«И ты укажи им». Несколько слов об «укажи». Недавно на мини-конгрессе Вы задали вопрос: «Подходишь ты к человеку, который ничего не знает о каббале. Как в нескольких предложениях попробуешь ему объяснить, чем мы занимаемся, и что ему тоже стоит это делать?» Ответить было очень тяжело. Я сидел в круге, очень непросто было…

Ответ, конечно, очень тяжело дать. Над ним надо работать и обсуждать его именно в круге.

Если бы я сидел в круге, то все время заставлял бы себя думать именно об ответе. О том, как сформулировать несколько первых предложений, которыми ты «вскрываешь» человека и вкладываешь в него свою идею. Тогда постепенно мы нашли бы между собой эти несколько ключевых фраз.

Все время мы возвращаемся на круги своя. Пока мы найдем ответы, окажется, что человечество уже выросло и надо искать другой ответ. Тут важно усилие, направленное на то, чтобы так происходило?

Да.

ПОСТОЯННО ОЗАРЕН ВЫСШИМ СВЕТОМ

Продолжим наш разговор о главе «Тецавэ», о том, кто может приближаться к Святилищу Завета, и что это такое. Начинается глава так:

/20/ И ТЫ ПОВЕЛИ СЫНАМ ИЗРАИЛЯ, И ОНИ ДОСТАВЯТ ТЕБЕ ЧИСТОЕ ОЛИВКОВОЕ МАСЛО, ВЫЖАТОЕ ИЗ МАСЛИН, ДЛЯ ОСВЕЩЕНИЯ – ЧТОБЫ ЗАЖИГАТЬ СВЕТИЛЬНИК, ГОРЯЩИЙ ПОСТОЯННО.

Оливковое масло – это свет хохма. Надо пройти долгий путь, чтобы его добыть, сделать.

Мы знаем, что то же самое происходит во время войны маккабим (маккавеев) с греками. Маккавеи тоже нашли в храме кувшин оливкового масла. Всего лишь один кувшинчик, масла которого должно было хватить всего на одни сутки, а горело оно семь дней. Это – чудо Хануки.

Оливковое масло всегда олицетворяет собой свет.

И добыть его могут только сыны Израиля.

/20/ И ТЫ ПОВЕЛИ СЫНАМ ИЗРАИЛЯ... И ОНИ ДОСТАВЯТ ТЕБЕ ЧИСТОЕ ОЛИВКОВОЕ МАСЛО...

Но это не просто оливковое масло, это именно то, которое должно гореть в храме.

И светильник должен гореть постоянно. Сейчас где-нибудь горит светильник постоянно?

Я не знаю. А зачем? Сейчас нет в том необходимости. Что тут сложного? Взять поджечь какой-то факел?

Здесь имеется в виду, что постоянно ты должен быть озарен высшим светом.

То есть светильник – в тебе?

Да, это и значит, что ты *Исра-эль* – устремлен прямо к Творцу. В моем устремлении к Творцу я делаю из себя светильник, то есть добываю свет из своих желаний. Все желания становятся подобными свету хохма, свету мудрости, который облачается в свет милосердия, ор хасадим. Если у меня есть милосердие к другим, тогда через них я получаю Творца – свет жизни, свет хохма.

У сынов Израиля есть милосердие к другим?

С появлением света милосердия народ и называется «сын Израиля».

Вдруг все замыкается, становится понятно: светильник горит в тебе в том случае, если ты сын Израиля, то есть в тебе есть милосердие.

Дальше:
/21/ В ШАТРЕ ОТКРОВЕНИЯ, С ВНЕШНЕЙ СТОРОНЫ ЗАВЕСЫ, ЧТО ПЕРЕД СВИДЕТЕЛЬСТВОМ СОЮЗА, БУДУТ ЗАЖИГАТЬ ЕГО ААРОН И СЫНОВЬЯ ЕГО, ЧТОБЫ ГОРЕЛ ОН С ВЕЧЕРА И ДО УТРА ПРЕД БОГОМ, – ЭТО

ВЕЧНЫЙ ЗАКОН ИМ ДЛЯ ВСЕХ ИХ ПОКОЛЕНИЙ ОТ ИМЕНИ СЫНОВ ИЗРАИЛЯ.

Уже определяется, кто внутри меня может обслуживать это свидетельство союза. Почему именно Аарон и сыновья его?

Тут тоже говорится о свойствах человека.

Человек состоит из всей вселенной, собирая в себе все: неживую, растительную, животную и человеческую природу.

Человеческая природа состоит из простого народа, то есть из простых желаний, но на уровне человеческих. Затем следуют желания, которые устремлены к Творцу: *Исраэль* – в переводе «прямо к Творцу» направленные намерения.

Среди них есть еще такие, которые делятся на «леви» и «коэн» – это низшая и высшая часть духовного парцуфа, духовной системы. Аарон является высшей частью духовной системы, ее правой стороной.

ЭТА ДУША ПОДЕЛЕНА ПОПОЛАМ

Если мы возьмем пирамиду и ее шпиль на самом верху, то тут находятся Аарон и Моше? И они разделены – правая и левая сторона?

Да, одна сторона – Моше, вторая – Аарон.

Только через них может пройти свет, если они служат?
/1/ И ПРИБЛИЗЬ ТЫ К СЕБЕ ААРОНА, БРАТА ТВОЕГО, И С НИМ – ЕГО СЫНОВЕЙ ИЗ СРЕДЫ СЫНОВ ИЗРАИЛЯ ДЛЯ СЛУЖЕНИЯ МНЕ: ААРОНА, НАДАВА И АВИУ, ЭЛЬАЗАРА И ИТАМАРА, СЫНОВЕЙ ААРОНА.

Всю часть твоего желания, которое называется «Аарон и его сыновья» ты должен приподнять и оформить в себе, чтобы с помощью этих желаний постоянно могли возобновляться контакты между всеми твоими остальными свойствами и Творцом.

«Всё внизу» – это все желания человека. Надо сделать, чтобы через высшие желания, которые называются «Аарон и его сыновья», ты постоянно контактировал с Творцом.

То есть Аарон и его сыновья являются проводниками?

Через Моше, естественно. Творец говорит только с Моше.

Моше слышит от Творца и должен говорить это Аарону. Моше тоже является проводником.

Далее есть еще другие проводники. Все идет по иерархии – сверху вниз.

Человек тоже является проводником?

Человек является проводником, когда в нем существует только одна точка, его личная точка, которая занимается тем, что соединяется с высшим и с низшим. То есть, если есть в человеке душа, то она поделена пополам. В центре половинки находится его точка. Эта точка является его свободой воли.

Свобода воли заключается в том, чтобы все, что выше этой точки, отдать наверх, все, что ниже, отдать вниз. Сам он желает только этого и ничего другого для себя. Это и является устройством, которое называется «человек».

А физически он просто существует…

Физически это – не человек. Физически это, как сказал товарищ Энгельс, – «способ существования белковых тел»[1].

Еще раз, что такое проводник? И к чему мы стремимся?

Быть проводником – это и есть задача каждого человека в мире! Только таким образом ты собираешь весь мир в одно целое, когда в каждом ничего не существует, кроме решения – принадлежать предыдущему и последующему.

Если все люди таким образом соединяются, они образуют, представляют собой следующее состояние природы, уже называемое душой. И то, что ее наполняет, называется Высшим светом, или Творцом.

ВДОХИ И ВЫДОХИ КАББАЛИСТА

У меня не возникает вопроса: «Как это возможно?» Напротив, есть ощущение восторга, когда Вы говорите об этом, – состояние высочайшее!

Потому что ты к этому идешь, для тебя это не что-то отвлеченное, и это чувствуется. Уже нисходит на тебя какое-то свечение, и оно вызывает ощущение восторга. Не ты вызываешь его в себе, это то, что уже приближается…

Я постоянно нахожусь в поиске. Выискиваю, может быть, найдется что-то новое: примеры, ассоциации, – и на что-то меня натолкнет.

---

1   «Жизнь есть способ существования белковых тел, и этот способ существования состоит по своему существу в постоянном самообновлении химических составных частей этих тел» (К. Маркс и Ф. Энгельс, Соч., т. 20, с. 82)

Все, что накоплено, потом выдается на уроках?

Даже если не используется на уроках, все равно то, что я накапливаю, существует в общей системе. Потому что я связан со всеми. Свое личное интеллектуальное приобретение я не считаю своим личным, потому что оно находится в связи с другими, даже если я не выражаю это вербально.

То есть у Вас никогда нет ощущения потерянного времени?

Ну, как сказать? Иногда бывает такое.

Интересно, я видел это у РАБАШа и не понимал, как возможна такая «отключка»? Человек, естественно, под воздействием свыше приходит в состояние, когда он просто никто и ничто, то есть существует белковое тело и больше ничего.

Такие состояния очень редко случаются, но периодически они должны быть. Это означает, что заканчиваются какие-то периоды в развитии.

Можно сказать, наступает какая-то особенная тишина?

Да. Это интересное состояние. Вакуум, хороший вакуум. Даже не хочется что-то почитать, услышать, ты просто обалдевший какой-то.

Эти состояния длительные или короткие?

Бывает несколько часов.

И потом, когда они проходят, Вы открываете работу и идете по-новому?

Да. Если в таком состоянии можно уснуть – это самое лучшее, значит, время не проходит бесполезно.

Я помню РАБАШа. Как-то приезжаю к нему. Где он? Ни там, ни тут его нет. Потом смотрю, сидит на солнышке, спиной к солнцу, верхом на стуле.

Я видел эти фотографии.

Да. Я подошел к нему, он говорит: «Ну, возьми стул». Я взял стул. «Садись», – я сел так же, как и он. Сначала не знал, как мне сесть. Ну, сел. – «Посидим». Сижу десять минут, пятнадцать. Дальше что? Спасало нас то, что мы курили. Закуриваешь – уже немножко по-другому: играешь сигаретой, начинаешь вдыхать-выдыхать. Такие состояния интересно было видеть на его примере.

Каббалист проходит эти состояния. Ведь мы имеем дело не с телом и не с человеком, а с желанием. Оно должно отработать себя до самой своей глубины и на всю своей высоту.

Желание полностью должно включиться, пропитаться, отреагировать, соединиться с остальными свойствами, желаниями, отработать себя. Так что ничего особенного в этом нет. Естественно, что должно быть и такое состояние тоже.

Состояния, когда ты находишься на уровне неживой материи, но ощущаешь, что находишься на уровне неживой материи, – вот это интересно.

Но у Вас и такое состояние бывает, которое как бы заводит и всех, и Вас, состояние, похожее на то, что «мы не успеваем». Оно абсолютно противоположно первому, как я понимаю?

Состояние «мы не успеваем» не относится ко мне – вот что интересно. Ведь я уже пожилой человек. Кто знает, сколько мне осталось, где конец, за каким углом, поворотом? А я что-то недоделал, не успел.

Как Вы с этим справляетесь?

Здесь у меня ничего личного нет.

Я просто хочу видеть четко собранную организацию, которая связана с массами, которая связана с Творцом, которая серьезно начинает работать. Это и есть организация, называемая государством Израиль. Имеется в виду государство не как политическое образование или географическое состояние. Это – некое устройство.

Вы называете своих учеников «государство Израиль», правильно?

Да. Государство Израиль, которое состоит из всевозможных функциональных блоков, связанных между собой. Часть из них задействована, чтобы обеспечить существование, физическое и духовное. Часть завязана на Творца – это коэним, *коэны*. Другие обеспечивают идеологическую основу – это левиим, левиты. Часть занимается материальной основой – это *ам* (народ).

Все вместе они завязаны на то, чтобы соединиться со всем внешним миром. Для этого у них есть всевозможные широкие входы во все массы, во все страны, во все части человечества. Таким образом система и работает.

Если я увижу хотя бы прообраз такой организации, то уже не буду, может быть, так спешить.

Но образ хотя бы уже вырисовывается?

Да, но еще недостаточно. Нет четкого контакта с массами, хотя вполне вероятно, что будет. И нет еще контакта с Творцом.

Эти две части взаимозависимы: контакт с низшими и контакт с высшими, а мы посреди. Насколько серьезно мы пойдем в массы, настолько правильно возбуждаемся в Творце. И с этим получим помощь свыше.

Выходит, что массы потребуют от нас возбуждаться в Творце?

Да, потребуют, естественно, не говоря об этом, ничего даже не понимая.

ВЕЛИКОЛЕПНЫЕ ОДЕЖДЫ

Глава называется «Тецавэ» – «Укажи». Моше должен указать им: «Я, как Творец, говорю тебе».

В первую очередь, указание ложится на Аарона и его детей. После него еще и на весь народ, то есть на все остальные желания в человеке.

/2/ И СДЕЛАЙ СВЯЩЕННЫЕ ОДЕЖДЫ ДЛЯ ААРОНА, БРАТА ТВОЕГО, ЧТОБЫ ПОЧИТАЛИ ЕГО И ВОСХИЩАЛИСЬ ВЕЛИКОЛЕПИЕМ ЕГО.

Да, то есть иерархия строится по одежде. Одежда называется «*левуш*».

Одежда – это те исправления, которые должны воздействовать на желания человека. У меня есть какие-то желания: рвать, убивать, уродовать, красть, захватывать – все эгоистические желания, от самых явных и ярко выраженных до простых. Все эти желания мне надо облечь в одежды, то есть в намерение ради ближнего, ради Творца. Не ради себя. Это и есть одеяние.

Тогда все будут восхищаться его великолепием?

Да. Причем, чем ярче, агрессивнее, серьезнее желание, тем на него должны быть произведены бо́льшие, сильные исправления, то есть «великолепные одежды». Поэтому Аарон, когда он не исправлен, это – самое плохое желание.

Сказано: «Когда Израиль падает – он падает ниже всех народов мира, а когда возвышается – возвышается до небес». Потому что это огромные эгоистические желания, с которыми, если они исправлены, действительно можно сделать все – и дойти до Творца.

Три строчки, и совсем другой взгляд:

... ЧТОБЫ ПОЧИТАЛИ ЕГО (*Аарона*) И ВОСХИЩАЛИСЬ ВЕЛИКОЛЕПИЕМ ЕГО.

И будут, естественно, восхищаться и почитать, потому что те исправления, которые он должен сделать на себе, не сравнить с обычным народом, то есть с другими обычными желаниями в человеке. Мои самые ярые, яркие, ужасные эгоистические желания – это Моше, затем идет Аарон, дети Аарона и остальные священники.

Это Вы о двенадцати коленах говорите?

О руководителях двенадцати колен. Это самые эгоистические, самые отвратные желания в человеке и в мире. Поэтому мы и видим, что везде евреи суют свой нос, везде им все надо. А если мы в исправленном состоянии, то все выглядит наоборот.

В этом и заключается принципиальное отношение народов мира к евреям: они должны приобрести одеяния, приподняться и быть совершенно другими, то есть работать на отдачу со всеми своими особыми свойствами.

Так что, все одеяния Аарона – это далеко не простое дело.

В принципе, и в нашем мире чем отличается один человек от другого? Одеянием. Одеяние – это и то, что на тебя надето и твой дом, и то, что тебя окружает. Все, что относится к тебе, все, что в нашем мире подчеркивает твою ступень, твое состояние, твое возвышение над другими или наоборот.

То есть одеяния – это самовыражение человека. Раздень людей – и что ты о них скажешь?

Все – одно и то же. Что же тогда вся современная мода? Она тоже имеет свои корни?

Ну, естественно. Это и происходит из той же природы. Эгоизм использует моду, как средство для своего возвышения, естественно.

Во внутреннем мире, в духовном мире одеяние подчеркивает меру твоего возвышения над миром, то есть меру отдачи, любви, отмены себя. То есть указывает наоборот: насколько ты себя принизил, настолько ты себя поднял. А в нашем мире …

Кутюрье – наоборот, насколько ты себя выпятил.

Ну, обезьянки одеваются, приукрашиваются перед зеркалом, мартышка крутится с какой-то шляпкой. Но это необходимо до тех пор, пока не поймут, что одеяния должны быть другими. Они должны быть во внутреннем выражении человека.

Ведь то, что мы пошли в направлении внешних одеяний, это не исправление, это, наоборот, искажение. Когда Творец сказал Адаму, что «тебе нужны одеяния»? После грехопадения.

Все одеяния являются исправлением нашего эгоизма. Поэтому все мартышки, которые крутятся перед зеркалами, все кутюрье – это попытки показать себя другими, не такими, как внутри.

Маски.

Да. Настоящее одеяние, имеется в виду от Аарона и всех после него, – это состояние, когда люди ясно видят, что ты смог преодолеть себя и выразить себя в отдаче, в любви.

Это и есть одеяние?

Да. Но это другие одеяния. О них и говорится в Торе: Творец шил им Сам эти одеяния, то есть Он дает им высший свет. И благодаря высшему свету приходит одеяние на эгоизм, то есть воздействует обратный свет, отраженный свет – намерение отдачи.

ЗОЛОТЫЕ НИТИ И ГОЛУБАЯ ШЕРСТЬ

Говорится так:
/3/ И ОБРАТИСЬ КО ВСЕМ МУДРЫМ СЕРДЦЕМ, КОТОРЫХ НАПОЛНИЛ Я ДУХОМ МУДРОСТИ, И СДЕЛАЮТ ОНИ ОДЕЖДЫ ААРОНУ, ОСВЯЩАЮЩИЕ ЕГО ДЛЯ СЛУЖЕНИЯ МНЕ.

Надо обратиться к «мудрым сердцем, которых наполнил я духом мудрости». Вдруг сейчас понимаешь глубину этих слов. К кому обратиться, чтобы сделали одежды для Аарона?

Это означает, что надо выбрать из всех своих желаний такие, в которых есть огромный энергетический запас эгоизма, и он подходит для света хохма, и которые наполнены мудростью, то есть уже исправлены. Ты должен их все собрать в себе и сделать из них одно общее желание, большое, емкое, серьезное, внутри очень эгоистическое, но уже исправленное, наполненное светом. Когда ты все это соберешь, тогда у тебя и возникнет одеяние.

Так формируется духовный облик: внутри – эгоистический, разделенный на огромное количество эгоистических уровней, в соответствии с которыми существует одеяние. Эти одежды так и называются: брюки, пояс, куртка, плащ…

Дальше рассказывается, из чего одежды должны состоять, как все сшито: золотые нити и голубая шерсть, багряница, червленица, скрученные вместе и так далее.
То есть тут говорится, какие это желания?

Это очень непростые действия: из каких желаний и как сформировать намерение. Причем из желаний, внешне работающих на отдачу, а внутри удерживающих в себе эгоизм.

Человеку не надо так Тору изучать – что есть багряница, что червленица…?

Нет. Когда человек приходит к этому, он начинает видеть перед собой то, что здесь написано. Просто видеть: «А в Торе, наверное, сказано об этом так-то или так-то». Хотя, может быть, даже никогда не читал об этом – вот что интересно.

Перед ним возникает Тора. Он понимает, что здесь должна быть сказана такая-то фраза. Если посмотрит в книгу, то увидит, что она есть. Есть другие люди, которые читают и не понимают, о чем. А этот приходит к пониманию изнутри, из себя, хотя никогда не читал Тору. И не читал, и не помнит, и при этом говорит: «Вот именно так во мне это вырисовывается. А иначе быть не может».

Мне всегда казалась странной Ваша история про человека, который вдруг начал писать на иврите. Человек жил где-то в России, по-моему, Вы рассказывали... Это тоже проявление в нем какой-то основы?

Да, все намерение, все желания, все свойства, весь свет – все существует в одном едином объеме. Мы и сейчас находимся в мире Бесконечности. По мере того, как ты раскрываешь себя, адаптируешь к миру Бесконечности, видишь его большие объемы, глубины, высоты, ты раскрываешь его вообще во всех проявлениях. Все, что создано каббалистами, раскрыто каббалистами.

Ты даже видишь, кому принадлежит это раскрытие, то есть можешь знать, что это написал Бааль Сулам, это – АРИ, а тут – еще кто-то. Хотя это и не обязательно, смотря какая душа.

РАМХАЛЬ, который изобразил Храм полностью, как он снаружи выглядит, – это его постижение?

Да, это его постижение. Ничего этого нигде нет. Он просто раскрыл все и написал. Было у него такое особое свойство души.

Он очень чистый?

Да, такие свойства. Другие по-другому воспринимают. Но даже не воспринимая все эти слова или фразы и не раскрывая текст Торы изнутри себя, дескать, таким вот образом и должно быть описано все мироустройство, ты все равно это раскрываешь.

Нам мешает наш разум, который все время сопротивляется, говорит: «Надо выучить, надо заучить, надо понять»? Это то, что мешает?

Этого совершенно не надо, совершенно ни к чему. Если ты правильно идешь, то все раскрываешь и все, что тебе надо, ты получаешь. Никакой зубрежки здесь быть не должно. Да и в Торе сказано: «Только лишь прямодушные сердцем...»

ЧТО ЗНАЧИТ ИМЯ?

Дальше за одеждами следует вот что:
/9/ И ВОЗЬМИ ДВА КАМНЯ, ДВА ОНИКСА, И ВЫРЕЖЬ НА НИХ ИМЕНА СЫНОВ ИЗРАИЛЯ: /10/ ШЕСТЬ ИЗ ИХ ИМЕН НА ОДНОМ КАМНЕ, А ШЕСТЬ ОСТАЛЬНЫХ ИМЕН НА КАМНЕ ВТОРОМ – ПО ПОРЯДКУ РОЖДЕНИЯ. /11/ ...И ПОМЕСТИ КАЖДЫЙ В ЗОЛОТУЮ ОПРАВУ. /12/ ...И БУДЕТ ААРОН НОСИТЬ ИХ ИМЕНА ПРЕД БОГОМ НА ОБОИХ ПЛЕЧАХ СВОИХ – ДЛЯ НАПОМИНАНИЯ

Почему на плечах носить? И почему надо вырезать на камнях имена сынов Израиля?

Камень (на иврите *эвен*) – это нам понятно. *Лев а-эвен* – это самые грубые эгоистические свойства. На них нам надо изобразить имена.

Имена – это олицетворение усилия человека, его работы. Когда человек производит какую-то духовную работу, он называется по высоте, по качеству этой работы. Это связано и с гематриями, и с его деятельностью.

Что значит имя? Это желание (*кли*), в которое входит свет и образует полное имя. Вид, стиль работы человека выражается его именем: Моше, Аарон, Итамар и так далее.

Понятно, что все они представляют собой суть духовной работы той или иной души, поэтому так называются. Имена не могут быть произвольными. Это с одной стороны. С другой стороны, суть имени может меняться, что-то добавляться и так далее.

Вырезать эти имена на камне – это значит достичь такого состояния, когда все руководители двенадцати колен проделывают свою работу так, что даже их имена, то есть их подобие Творцу (это означает имя человека), доходят до самого глубокого эгоистического желания – камня, неживого состояния. И с самого низкого состояния они поднимаются до уровня плеч Аарона.

Плечи – это ХАБАТ, ХАГАТ, НЕХИ. Когда поднимается рука, то самая высшая ее часть находится в плечах. Это та часть, которая принимает от головы. Голова относится к Аарону, то есть это все намерения, вся его духовная работа.

А сыновья?

Сыновья и все прочие колена уже лежат на его плечах. Это аллегорическое описание системы соединения между собой различных частей, органов всей огромной системы, которая называется «общая одна единая душа».

Тора – в переводе с иврита «инструкция». Она описывает все устройство. Скажем, ты покупаешь какую-то машинку, к ней есть инструкция: для чего она предназначена, как ею пользоваться и так далее. Тут то же самое.

Дальше говорится так:
/15/ И СОТКИ ХОШЕН, ВЫЯСНЯЮЩИЙ ИСТИНУ, ... ИЗ НИТЕЙ.

Эти добавки меня потрясают: «выясняющий истину», «а мудрые могут сделать одежду» ... «Сотки хошен... и дальше в него вставите камни». Двенадцать камней...

Как представители всех желаний этой общей души, Моше и Аарон олицетворяют собой настоящую работу. Сыновья Аарона работу не выполняют, они выполняют функцию связи между Творцом и остальными через предводителей колен, руководителей тысяч, сотен, десяток.

Хошен[2] говорит о пути, по которому они должны идти. Эти уже эгоистические желания, которые действуют, должны быть связаны. Моше, Аарон – головная часть, думающая, указывающая, решающая. А двенадцать колен – исполнительная часть. Для того, чтобы была связь головной части с исполнительной, и существует хошен.

С одной стороны, есть двенадцать колен, которые выражаются в различных камнях – каждое из колен по своему характеру. Исправление имеет свой собственный камень, свой собственный облик.

С другой стороны, все они связаны между собой в одно единое целое, сидят на одной подкладке в определенном порядке и находятся на груди Аарона.

---

[2] Хошен – четырехугольный нагрудник в облачении первосвященника с 12 различными драгоценными камнями, на которых были выгравированы названия двенадцати колен Израилевых..

Причем Аарон – это первосвященник. Это не просто священник. Священник – от слова «святой». Святой, то есть тот, в ком существует только лишь дух отдачи и любви.

Все это – Аарон. А двенадцать колен тоже?

Нет. Связь Аарона с двенадцатью коленами необходима, чтобы руководить ими, чтобы достигли они этого же состояния.

Все должны достигнуть состояния первосвященника?

Да, когда полностью подключается к нему эта система. И все повествование, вся история – только о том, как достичь состояния, когда все превращается в одно общее целое, называемое Исраэль – прямо к Творцу.

ЗОЛОТО. КАМНИ. ХРАМ

Чтобы подтвердить то, что Вы говорите, здесь написано: /17/ И ВСТАВЬ В НЕГО (*то есть в хошен*) **КАМНИ В ОПРАВАХ, ЧЕТЫРЕ РЯДА КАМНЕЙ ПО РЯДАМ: РУБИН, ТОПАЗ И ИЗУМРУД – ПЕРВЫЙ РЯД; /18/ ВТОРОЙ РЯД – БИРЮЗА, САПФИР И БРИЛЛИАНТ; /19/ ТРЕТИЙ РЯД – ОПАЛ, АГАТ И АМЕТИСТ; /20/ И ЧЕТВЕРТЫЙ РЯД – ХРИЗОЛИТ, ОНИКС И ЯШМА: В ЗОЛОТЫХ ОПРАВАХ ОНИ ДОЛЖНЫ БЫТЬ. /21/ И КАМНИ ЭТИ БУДУТ СООТВЕТСТВОВАТЬ ИМЕНАМ СЫНОВ ИЗРАИЛЯ: ДВЕНАДЦАТЬ – ПО ЧИСЛУ ИХ ИМЕН, И НА КАЖДОМ БУДЕТ ВЫРЕЗАНО, КАК НА ПЕЧАТИ, ИМЯ – ДЛЯ ДВЕНАДЦАТИ КОЛЕН.**

Золото и камни имеют отношение к этим силам?

Да, конечно. Человек, который не понимает, не находится в духовном мире, физически это воспроизвести не может.

Он не может вырезать это физически?

Нет, не может! Он не будет знать, как! Я тебе сейчас принесу такой камень. Только Бецалель и «мудрые сердцем» люди, то есть находящиеся на этой духовной ступени, могут изобразить из своего внутреннего постижения, когда знают, как обрабатывать каждое свое движение, как его делать. Даже просто физически изобразить это невозможно, не будучи на этом духовном уровне.

Сегодня призывают: «Давайте строить Третий Храм!» Но это же невозможно. Кто будет строить, что строить? Какой ты камень возьмешь? Поднимешь с земли? Наймешь себе наших соседей, чтобы они там блоки складывали?

Невозможно. Ты даже не знаешь, как подступиться к этому делу. Где, как?! Очистили бы тебе это место, – но даже это место ты не знаешь четко, какое оно.

В тебе это место должно жить, ты четко должен понимать: вот так и не иначе, а не угол сюда, угол туда. Без чертежей знать!

Чертеж внутри тебя, как в РАМХАЛе, должен сидеть, со всеми деталями. То, о чем говорится здесь: деревья, камни – это все ты должен понимать, знать, что надо делать именно так.

Ты говоришь: «Это возьми, то возьми»...

Ты никому не можешь указывать.

И даже указывать?

Не можешь! Он должен понимать тебя изнутри. Это должна быть такая команда, внутри которой находится Храм и которая просто берет и делает его внешнее отображение, отпечаток. Ты представляешь, кто может приступить к таким работам?

Да и зачем это внешне?! Если все мы внутри должны прийти к полному общему исправлению, чтобы все это зажило в нас, мы должны подняться из миров БЕА в мир Ацилут. И не надо ничего воплощать в камне.

Абсолютно ничего! Только внутри себя! Только внутри себя – и всё. Потому что то, что будет сейчас, это полное исправление. Поэтому никаких третьих храмов в камне не должно быть.

Хотя я не могу на 100 процентов быть уверенным, что не понадобится Храм, потому что тут есть другая мысль: для того, чтобы достичь полного исправления, необходимо, чтобы это осуществилось именно на самой низшей ступени даже нашего мира.

То есть все же в физическом виде, может быть?

Даже физически! Но только именно для того, чтобы свет полностью прошел через животную, растительную и неживую материю.

Через самую неисправленную?

Даже в нашем представлении. Может быть, только для этого. Но, в принципе, нам это надо построить только внутри себя. Так что думать о том, что мы можем сделать этот храм…

Если подойдет время, когда мы его создадим на уровне человечества, тогда может быть. Не знаю, это уже конечное исправление. Не могу сказать, потому что это ступени, которые не описываются нигде, и я не понимаю этого. Это такое постижение, которое мне недоступно. Поживем – увидим.

БРИЛЛИАНТ И УГОЛЬ

В начале главы «Тецавэ» говорится о том, как подготовить священные одежды для первосвященников. Они должны иметь на себе хошен, на котором есть 12 камней, олицетворяющих 12 колен.

Дальше очень интересно: начинается одевание коэна. Вдруг я посмотрел на это другими глазами.
По поводу хошена и двенадцати колен сказано:

/29/ И БУДЕТ НОСИТЬ ААРОН ИМЕНА СЫНОВ ИЗРАИЛЯ НА ХОШЕНЕ, ВЫЯСНЯЮЩЕМ ИСТИНУ, НА СЕРДЦЕ СВОЕМ, ВХОДЯ В СВЯТИЛИЩЕ, – ДЛЯ НАПОМИНАНИЯ БОГУ ПОСТОЯННО.

Объясните еще раз, что значит: «хошен, выясняющий истину» и «на сердце своем».

Камень на хошене – уже не просто камень, он становится драгоценным камнем. Двенадцать камней олицетворяют собой исправление эгоизма, потому что эгоизм – это камень.

Лев а-эвен – каменное сердце, с помощью намерений оно обращается в драгоценный камень. Когда эгоизм обращается в обратное себе, внутри остается эгоизм, а снаружи, вопреки ему, человек правильно работает. Тогда получается, что 12 камней олицетворяют собой полностью исправленное состояние Израиля (устремляющихся к Творцу).

Все это соединяется вместе в духовном объекте, который называется «Аарон». Это самый высокий объект, потому что он коэн, относящийся уже к сфере кетер. Именно он находится в контакте с Высшей силой, с Творцом. Когда человек достигает такого состояния, он уже полностью исправлен, и все его одеяния, все его окружение, то есть все, что относится к его внутренним свойствам, исправляется.

Ведь то, что мы видим, все мироздание является как бы отпечатком нашего внутреннего состояния – то, что находится внутри меня, я вижу, якобы, находящимся снаружи. Таким образом я устроен. И ты, и эта студия, и вообще весь мир, и все люди в нем, – это части моего «я».

Значит, когда я говорю: «Какой страшный мир!» – это...

Да, это: «Какой страшный я!» Именно так! Поэтому, когда человек исправляет себя, то этим он исправляет мир. Иначе исправить ничего нельзя.

Исправить снаружи ничего нельзя. Мы это уже понимаем: достаточно всего попробовали за свою историю. И здесь выходит к людям хохмат а-каббала – наука каббала.

Каббала рассказывает, что, если ты хочешь что-то действительно исправить, то это исправление – только в тебе. Ты должен прийти к состоянию, когда достигаешь уровня великого коэна, когда в тебе все эгоистические свойства – именно в сочетании – становятся исправленными друг относительно друга. Тогда ты раскрываешь абсолютно все.

Глядя на хошен, выясняющий истину, ты можешь выяснить все: настоящее, прошедшее, будущее, – абсолютно всю систему мироздания на этом как бы пульте управления.

«На сердце своем» – это означат, что исправленное...

Да, исправленное сердце таким образом себя раскрывает.

Возьмем графит и алмаз: тот и другой – модификации углерода...

Если ты сжимаешь его правильно, то получаешь алмаз.

Сжал правильно – как бы соединил. А если действует формула разъединения?

То получаешь уголь. В камере сверхвысокого давления при повышенных температурах в присутствии катализаторов алмаз переходит в графит. А ограненный алмаз – это уже бриллиант.

Выходит, что вообще из ничего получаешь бриллиант.

Получаешь бриллиант из ничего, из того, что можно полностью сжечь, из того, что не имеет никакой ценности.

Так и Вы говорите, что если к камню (к каменному сердцу) добавить намерение, то камень сразу становится драгоценным.

Дальше говорится о том, как понемногу начинают одевать коэна.

/31/ И СОТКИ МАНТИЮ, НА КОТОРУЮ НАДЕВАЕТСЯ ЭЙФОД, ЦЕЛИКОМ ИЗ ГОЛУБОЙ ШЕРСТИ. /32/ И БУДЕТ ОТВЕРСТИЕ ДЛЯ ГОЛОВЫ В ЦЕНТРЕ ЕЕ, ВОРОТ ВОКРУГ ОТВЕРСТИЯ ДОЛЖЕН БЫТЬ СОТКАН ТАК, КАК ДЕЛАЮТ ВОРОТ КОЛЬЧУГИ, – ЧТОБЫ НЕ ПОРВАЛСЯ.

Начинается с верхнего одеяния. Что оно означает?

ГЛАВА «УКАЖИ»

Одеяние – это наши внутренние неисправленные желания. Когда мы можем их исправить, они как бы выходят наружу в своем исправленном виде и представляют собой одеяние на наш эгоизм. Внутри мы остаемся эгоистичными, а эти одеяния облачают нас и выражают нас. Одеяния и делают нас этим великим коэном. Одеяние, одежда делает человека.

Сначала одевается именно тело. Имеется какой-то смысл в том, что сначала закрывается тело?

Сначала закрывается тело, потому что это самое главное: верхняя часть (до пояса) – самая легкая для исправления, поэтому вначале исправляют ее.

ГОЛОЕ ТЕЛО ЭГОИЗМА

Как вообще лучше одеваться: сначала надевать рубашку или брюки?

Всегда все надевается с правой стороны или сверху. Правая сторона предпочтительнее левой, и верхняя часть предпочтительнее нижней.

Дальше рассказывается о том, что находится на мантии:

/33/ И СДЕЛАЙ ПО ПОДОЛУ МАНТИИ ГРАНАТЫ ИЗ НИТЕЙ ГОЛУБОЙ ШЕРСТИ, БАГРЯНИЦЫ И ЧЕРВЛЕНИЦЫ – ВО ВСЕМУ ПОДОЛУ ЕЕ, И ЗОЛОТЫЕ КОЛОКОЛЬЧИКИ МЕЖДУ НИМИ ПО ВСЕМУ ПОДОЛУ:

/34/ ЗОЛОТОЙ КОЛОКОЛЬЧИК И ГРАНАТ, ЗОЛОТОЙ КОЛОКОЛЬЧИК И ГРАНАТ ПУСТЬ БУДУТ ПО ВСЕМУ ПОДОЛУ МАНТИИ. /35/ И БУДЕТ ОНА НА ААРОНЕ ВО ВРЕМЯ СЛУЖЕНИЯ, И СЛЫШЕН БУДЕТ ЗВУК,

ИЗДАВАЕМЫЙ ЕЮ, КОГДА БУДЕТ ОН ВХОДИТЬ В СВЯТИЛИЩЕ, ЧТОБЫ ПРЕДСТАТЬ ПРЕД БОГОМ, И КОГДА БУДЕТ ОН ВЫХОДИТЬ, – И НЕ УМРЕТ.

Здесь столько всего!

Я не думаю, что все это можно рассказать. Эти вещи указаны и в Книге Зоар, и в записях АРИ, рассказано, что означает все это.

На свете ничего нет, кроме неисправленного желания, которое мы должны исправить. Всевозможные формы исправленного желания выражаются таким образом и все они преобразуются в одеяния, которые одеваются на наш эгоизм (голое тело) и олицетворяют собой всевозможные виды исправления.

«Колокольчик и звук колокольчика», – что об этом можно сказать?

Звуки, запахи! Весь наш богатый мир на самом деле представляет собой наши внутренние желания в том виде, когда они выходят наружу, проявляют себя. Когда они внутри, мы их не ощущаем. Поэтому мир мы воспринимаем вне себя – внутри себя я не могу ощутить.

В мире находятся миллиарды всевозможных объектов, впечатлений. Если бы они были внутри меня, то я не замечал бы их. Когда они находятся вне меня, именно в таком виде – оторванными от меня, я их замечаю более выпукло и могу заниматься их исправлением.

Я должен понимать, что все, что находится вне меня, – это мое внутренне «я».

Мы все время проводим эту линию. Главное, все время держать в голове это и повторять.

Да. В таком виде: вне меня нет ничего, чтобы я мог относиться к этому, как к своему личному, готовому к исправлению.

Если человек относится к этому утверждению просто как к формуле: он ее читает и повторяет, читает и повторяет? Человек говорит, что «все это – внутри меня», или «я – это мир». Такими упражнениями он может пробить стену?

Нет, никогда. Этого не достаточно. Сам человек ничего не может пробить, он должен привлечь на себя высший свет.

Высший свет можно привлечь на себя, только если правильно работать с ним, то есть работать в группе, с товарищами. Если человек сумеет сделать себя хоть в чем-то подобным высшему свету в свем отношении к другим, то в этом он и исправляется.

Человек не исправляет себя. Он исправляет свое отношение к другим. Поэтому все исправление заключается в одном принципе – «возлюби ближнего как себя». Тогда развивается правильное видение мира: весь мир действительно постепенно извне входит внутрь, я его приближаю к себе, включаю в себя.

Получается, что, с одной стороны, я воспринимаю мир существующим вне меня, и поэтому во мне существует очень сильное различение, разрешение в восприятии каждого элемента творения. С другой стороны, он одновременно становится моей непосредственной частью. И поэтому я сливаюсь со всем миром, но уже в масштабе, когда мир находится вне меня.

Человек существует так, что ему кажется, будто бы он находится в огромном мире. Он начинает постепенно включать в себя этот мир, но эта дистанция, расстояние между ним и любой другой частью мира, сохраняется. Поэтому получается, что человек как бы одевается на весь этот мир. Он становится как бы раздутым, а весь мир находится внутри него.

Это совершенно два разных полюса! С одной стороны, большое расстояние, с другой стороны, все находится внутри него.

Да. Всё вместе. Это и есть соединение всего мироздания в одну единую систему. Это и есть настоящее восприятие.

ШНУРОК ИЗ ГОЛУБОЙ ШЕРСТИ

Далее. Он надел мантию на тело, дальше – головной убор. /36/ И СДЕЛАЙ ВЕНЕЦ ИЗ ЧИСТОГО ЗОЛОТА, И СДЕЛАЙ НА НЕМ НАДПИСЬ, КАК НА ПЕЧАТИ: «СВЯТЫНЯ БОГУ»; /37/ И ПОДВЕСЬ ЕГО НА ШНУРКЕ ИЗ ГОЛУБОЙ ШЕРСТИ, КОТОРЫЙ ПРОЙДЕТ ПО ВЕРХУ ТЮРБАНА: С ПЕРЕДНЕЙ СТОРОНЫ ТЮРБАНА БУДЕТ ОН НАХОДИТЬСЯ; /38/ И БУДЕТ ОН НА ЛБУ ААРОНА, И ЭТИМ БУДЕТ ИСКУПАТЬ ААРОН ГРЕХ ОСКВЕРНЕНИЯ ВСЕХ СВЯТЫХ ПРИНОШЕНИЙ СЫНАМИ ИЗРАИЛЯ; И БУДЕТ ОН НА ЛБУ ЕГО ПОСТОЯННО, ЧТОБЫ БЛАГОВОЛИЛ К НИМ БОГ.

И веревочка маленькая, свисающая надо лбом.

Что такое: «прикрыть голову»?

Покрытие головы означает «экран». Экран должен быть завязан на *хут* – нитку света, которая соединяет его с Творцом. Оттуда через тюрбан происходит все нисхождение высшего света на голову Аарона. И через голову Аарона свет спускается на все его тело уже через масло.

Голову надо поливать маслом. Масло капает вниз, стекает по волосам и бороде на тело, на одежды. Таким образом, в материальном виде как бы олицетворяет нисхождение света во все уровни мироздания, которые человек уже начинает включать в себя.

Масло – имеется в виду оливковое, о котором мы уже говорили?

Да, конечно, особое масло.

Свет хохма – свет мудрости. И стекает по этой веревочке далее вниз. Что означает лоб, о котором много говорится?

Лоб – это мецах, это раскрытие света.

Те части нашего тела, которые не покрыты волосами, олицетворяют собой кли – желания, которые исправлены, и в которых светится свет.

Части, покрытые волосами, олицетворяют собой те, которые еще не исправлены. Свет в них еще не раскрывается, поэтому их покрывают волосы. Волосы – это исправления, но неполные.

У нас есть части тела, покрытые и не покрытые волосами. Причем имеет значение, какие части тела покрыты какими волосами, каким образом нисходят: волосы на голове, затем – борода. Почему у нас есть брови, ресницы, усы и так далее?

Все это – стекание высшего света сверху вниз.

По-моему, написано в Книге Зоар, что «раби Акива был лысый». Это означает исправленное желание?

Это раскрытие света хохма в таком виде. Волосы на иврите называются *сеарот* – от слова *соэр*, то есть находящийся в напряжении, в раздражении, в желании исправиться, но еще не исправленный.

Далее говорится о поясе.

/39/ И СОТКИ КЛЕТЧАТЫЙ ХИТОН ИЗ ЛЬНА, И СДЕЛАЙ ЛЬНЯНОЙ ТЮРБАН И ВЫШИТЫЙ ПОЯС.

Что такое пояс?

Да, *пояс, отделяющий верхнюю часть от нижней*. Брюки тоже подвязываются шнурком, но это не тот пояс. Пояс закрывает верхнюю часть, разделяет сверху верхнюю и нижнюю части.

Что означает – верхнюю часть?

Верхняя часть – это гальгальта вэ-эйнаим, отдающие желания, а нижняя часть – получающие желания.

После того, как есть пояс, коэн имеет право надеть штаны.

/42/ И СДЕЛАЙ ИМ ЛЬНЯНЫЕ ШТАНЫ, ЧТОБЫ ПРИКРЫВАТЬ НАГОТУ, ОТ ПОЯСНИЦЫ ДО КОЛЕН ДОЛЖНЫ ОНИ БЫТЬ.

Что такое – закрыть наготу?

Нагота – это получающие части келим, желания получать, которые мы можем исправить не полностью, а только частично. После того, как мы исправляем верхние части: тюрбан, мантия и пояс, – мы можем частично исправлять наши нижние получающие желания – от пояса до колен.

Еще ниже – там вообще практически не исправляется. Эти желания просто затормаживаются в нашем действии: мы делаем на них сокращение, и этого достаточно.

Закрываем их как бы?

Да.

И СОБЕРИ КРОВЬ БЫКА...

Мы, конечно, ничего не материализуем. Но, в принципе, по большому счету так и надо одеваться?

Нет, какая разница, как человек будет одеваться? Животное остается животным, как ты его не одень. Цирковую лошадь украшают. Ну и что?

Имеются в виду именно исправления, которые идут изнутри, и таким образом они проявляются, в такой аллегории.

Тора одевает коэна, одевает Аарона. И далее говорится о жертвоприношении. Когда коэн уже одет:

/10/ И ПРИВЕДИ БЫКА К ШАТРУ ОТКРОВЕНИЯ, И ВОЗЛОЖАТ ААРОН И СЫНОВЬЯ ЕГО РУКИ НА ГОЛОВУ БЫКА; /11/ И ЗАРЕЖЬ БЫКА ПРЕД БОГОМ, У ВХОДА В ШАТЕР ОТКРОВЕНИЯ; /12/ И СОБЕРИ ТЫ КРОВЬ БЫКА, И ОБМАКНИ В НЕЕ ПАЛЕЦ, И НАНЕСИ ЕЕ НА ВОЗВЫШЕНИЯ ПО УГЛАМ ЖЕРТВЕННИКА, А ВСЮ ОСТАВШУЮСЯ КРОВЬ ВЫЛЕЙ НА ВЫСТУП ОСНОВАНИЯ ЖЕРТВЕННИКА.

Коэн уже одет.

И теперь можно исправлять животные желания.

Исправлять животные желания – так это называется?

Да, это аллегория, его животное желание и есть этот бык. Последняя часть животного состояния исправляется таким образом. Кровь на иврите – *дам*, от слова неживой – *домэм*.

И опять-таки надо понимать, что означает: окунуть указательный палец, коснуться того-то, окропить углы и вылить остальное…

Все это точные, но очень непонятные нам исправления нашего эгоизма, которые передаются, объясняются нам в таком виде. Их не может понять тот, кто не находится на этом уровне.

Человек, когда он находится в этих желаниях, в этих свойствах, понимает, о чем именно Тора рассказывает. А иначе для него, действительно, все это игры примитивных народов: какие-то непонятные жертвоприношения.

После исправлений животных желаний рассказывается об исправлении других желаний:

/23/ И ВОЗЬМИ ОДИН КАРАВАЙ СУХОГО ХЛЕБА, И ОДИН КАРАВАЙ, ИСПЕЧЕННЫЙ ИЗ ТЕСТА, ЗАМЕШАННОГО НА ОЛИВКОВОМ МАСЛЕ, И ОДНУ ЛЕПЕШКУ ИЗ КОРЗИНЫ С ПРЕСНЫМИ ХЛЕБАМИ, КОТОРАЯ СТОИТ ПЕРЕД ШАТРОМ ОТКРОВЕНИЯ, ГДЕ ЯВЛЯЕТСЯ БОГ. /24/ И ПОЛОЖИ ВСЕ ЭТО НА ЛАДОНИ ААРОНА И НА ЛАДОНИ СЫНОВЕЙ ЕГО, И ПРИПОДНИМИ ВСЕ ЭТО В ЗНАК ПОСВЯЩЕНИЯ БОГУ.

Что это за желания, которые пришли после исправле-

Глава «Укажи»

ния животных желаний?

«Помести на его руках». Руки – это получение, желание получать, а хлеб – это свойство отдачи. Помести исправление над всеми своими эгоистическими желаниями, которые олицетворяют руки человека, займи их хлебом, то есть отдачей.

И таким образом будешь исправлен.

Почему хлеб олицетворяет отдачу? Потому что это не естественное, выращенное?

Да. Сами зерна – еда животного, а перемолотые и выпеченные – это уже еда человека.

То есть обработанные человеком для того, чтобы есть.

Исправления пройдены, и далее идет передача поколений. Говорится:

/29/ А СВЯЩЕННЫЕ ОДЕЖДЫ ААРОНА ОСТАНУТСЯ ЕГО ПОТОМКАМ ПОСЛЕ НЕГО, ЧТОБЫ, ОБЛАЧАЯСЬ В НИХ, ОНИ ВОЗВЫШАЛИСЬ И СТАНОВИЛИСЬ ПЕРВОСВЯЩЕННИКАМИ: /30/ СЕМЬ ДНЕЙ ДОЛЖЕН ОБЛАЧАТЬСЯ В НИХ КОЕН, ЕГО ПОТОМОК, ВСТУПАЮЩИЙ НА МЕСТО ЕГО, КОТОРЫЙ ПРИДЕТ В ШАТЕР.

Закончилась высшая ступень, называемая Аароном. Ступени все время поднимаются, ведь постоянно происходят исправления, а эти исправления добавляют новые ступеньки к лестнице, на которой находятся души.

Следующая ступень нужна для того, чтобы приподняться на ту ступень, где прежде находился Аарон. Происходит как бы сдвиг.

В течение семи дней семь нижних сфирот – ХАГАТ НЕИМ – должны быть исправлены, поэтому вступающий на эту ступень должен их исправить в первую очередь. Исправить так, чтобы полностью быть подобным одеяниям – тем исправлениям Аарона, которые были произведены на этой ступени. И тогда он вступает на его ступень, в его должность.

Ступени расположены не одна над другой? Ступени сдвигаются? Так Вы сейчас сказали?

Это то же самое. Если я был на предыдущей ступени, то я как бы поднимаюсь, облачаюсь в следующую ступень.

Облачаюсь. Это и есть сыновья.

Далее говорится о том, что только Аарон и его сыновья могут употреблять в пищу это жертвоприношение:

/32/ И БУДЕТ ЕСТЬ ААРОН И СЫНОВЬЯ ЕГО МЯСО ЭТОГО БАРАНА С ХЛЕБОМ, ПРИНЕСЕННЫМ В КОРЗИНЕ, У ВХОДА В ШАТЕР ОТКРОВЕНИЯ. /33/ И БУДУТ ОНИ ЕСТЬ ВСЕ ЭТО, ПРИНЕСЕННОЕ ДЛЯ ИСКУПЛЕНИЯ ПРИ ПОСВЯЩЕНИИ ИХ И ОСВЯЩЕНИИ ИХ; А ПОСТОРОННИЙ НЕ БУДЕТ ЕСТЬ ЭТО, ИБО ОНИ – СВЯТЫНЯ.

Почему посторонний не может это есть?

А он не исправлен! Как он может принимать свет ради отдачи, если не готов? У него нет экранов, он не исправлен.

Поэтому не ест никто, кроме исправленного?

Да, кроме тех, кто достиг ступени Аарона.

Поскольку каждый должен практически достичь этой ступени, то каждый сможет это есть, исправив себя?

Да. Есть – значит получать высший свет ради отдачи.

ЖЕРТВЕННИК – НЕ МАНГАЛ

Дальше последовательно от одеяния, от жертвоприношения, от исправления мы приходим к очищению жертвенника. И говорится так:

/37/ СЕМЬ ДНЕЙ ОЧИЩАЙ ЖЕРТВЕННИК, И ОСВЯТИ ЕГО, И СТАНЕТ ЖЕРТВЕННИК СВЯТАЯ СВЯТЫХ: ВСЕ, ЧТО КОСНЕТСЯ ЖЕРТВЕННИКА, ОСВЯТИТСЯ.

Жертвенник – это инструмент приближения. Это совсем не то, что мы себе представляем: мангал, на котором жарят куски мяса.

Жертвенник – это место, общее желание, на него ты возносишь те части своего эгоистического желания, которые желаешь исправить. Ты ешь части, которые должен умертвить, потому что ты не можешь исправлять их в живом состоянии.

Что такое сожжение?

Есть части, которые ты должен употребить в пищу. Есть части, которые ты должен сжечь. В общем, есть много вариантов исправления этих желаний. Но все они говорят практически об одном: на каждое из них ты должен создать намерение отдачи и лишь тогда воспользоваться этим желанием.

Но в каком виде? Об этом и говорится. Или в виде пищи, или путем сжигания. Сожжение означает, что материальную часть ты превращаешь в более духовную, когда она поднимается и обращается в запах, который поднимается от горящего мяса. Не очень приятный, может быть, запах от всего этого, но это мы так понимаем, а в духовном виде имеется в виду переход в следующее состояние. В подъем, в виде благовония.

Как результат всех этих действий: облачения, жертвоприношения, исправления, – происходит следующее:

/43/ И Я БУДУ ЯВЛЯТЬСЯ ТАМ В НАЗНАЧЕННОЕ ВРЕМЯ СЫНАМ ИЗРАИЛЯ, И ОСВЯТИТСЯ ШАТЕР СЛАВОЙ МОЕЙ. /44/ И ОСВЯЩУ Я ШАТЕР ОТКРОВЕНИЯ И ЖЕРТВЕННИК, И ААРОНА С СЫНОВЬЯМИ ЕГО ОСВЯЩУ Я ДЛЯ СЛУЖЕНИЯ МНЕ; /45/ И БУДУ Я ОБИТАТЬ СРЕДИ СЫНОВ ИЗРАИЛЯ, И БУДУ ИХ ВСЕСИЛЬНЫМ БОГОМ. /46/ И УЗНАЮТ ОНИ, ЧТО Я – БОГ, ВСЕСИЛЬНЫЙ, КОТОРЫЙ ВЫВЕЛ ИХ ИЗ СТРАНЫ ЕГИПЕТСКОЙ, ЧТОБЫ ОБИТАТЬ СРЕДИ НИХ; Я – БОГ, ВСЕСИЛЬНЫЙ ИХ!

Эти строки повторяются практически в каждой главе.

Да, потому что в исправленное кли свет облачается в присутствии Высшей силы, Творца. В таком виде он облачается, и тогда исправленное желание начинает работать, насыщать высшим светом духовной жизни все мироздание.

ЧТО ЭТО ЗА БОГ?!
И ЧТО ОН ТРЕБУЕТ ОТ ЛЮДЕЙ?

Это как печать: «Ты делаешь все эти действия, и Я проявляюсь»?

Да, но делать в таком виде, как написано, это – ужасно даже представить себе! Я, откровенно говоря, не представляю, каким образом люди, все человечество воспринимают и преклоняются перед этими описаниями.

Глава «Укажи»

Говорится о том, что надо резать быков, коров, сжигать, сжирать и так далее. Все эти ужасные картины настолько грубые, настолько примитивные, что я не знаю, как можно воспринимать их в качестве святых, преклоняться перед ними. Меня просто коробит от того, что в таком виде это записано.

Что это за Бог?! И что Он требует от людей? Это же примитивная работа дикарей пару тысяч лет назад.

И сегодня люди убивают друг друга и тоже чувствуют, что есть в этом что-то от жертвоприношения. Но это же никак не связано с настоящим смыслом Торы! Это находится в громадном диссонансе с величием, отдачей, любовью, с возвышенным, духовным!

Еще и глава так называется: «Ани мецавэ» – «Я указываю тебе так сделать». Что это за Творец, который указывает такие вещи?! Примитивные, грубые, жестокие, не имеющие никакого смысла?! Какие-то дикарские обряды!

Я удивляюсь не тому, что написано так: в конце концов, когда они писали, то понимали, о чем речь. Дело в том, что по сегодняшний день люди воспринимают это в виде святости, чего-то особенного, как заповеди, завещанные Творцом.

Что заповедовал Творец?! Как это может не подталкивать человека к тому, чтобы он хотя бы выяснил: как такое может быть?! Это никак не укладывается в моем сознании, не совмещается ни с разумом, ни с жизнью, – ни с чем! А люди живут спокойно со всем этим и считают это Святыми писаниями.

В чем здесь святость? Когда говорится об отдаче и любви, о связи между нами, исправлении себя, своего эгоизма, тогда это – святость. Но если о том, как сжигать несчастного быка, то какая тут святость?! И какое такое благовоние поднимается от того, что я сжигаю его мясо?

Ужасный запах, как вы говорите.

Все это находится в таком диссонансе с тем, что происходит в материи и в духовном, что должны же возникать какие-то вопросы! А их нет. Все человечество как бы заторможено, как будто его загипнотизировали.

Посмотри на то, о чем говоришь, перед чем преклоняешься?! Разве можно перед этим преклоняться?! Или перед тряпками, которые надевает на себя какой-то человек?! Будешь подходить к нему, подол целовать или колокольчиками его восхищаться?

Но так и делается во всех религиях.

Да, так и происходит. На самом деле, это сохранившиеся по сегодняшний день древние языческие обычаи, которым приписывают всевозможные высшие свойства.

Люди ничего не знают, не понимают и вследствие своего непонимания преклоняются, играют как маленькие дети. И своим коллективным невежеством и коллективным участием они как бы поддерживают друг друга.

Когда я читаю эти главы, мне больно. Я не смеюсь над людьми — мне больно, что человечество понимает их буквально и, на самом деле, принимает в таком виде.

Правильно ли мое предположение, что эти тексты написаны в то время, когда люди находились на определенном духовном уровне?

Конечно, это были только лишь знаки, то есть написанное представляло для них определенный язык, который рассказывает о том, что ты должен в себе исправить! И люди прекрасно понимали, о чем речь.

Писал все Моше со своими семьюдесятью учениками, которые занимались вместе с ним в его шатре.

У меня такое ощущение, что благодаря этим текстам выбираются люди, которые хотят видеть в написанном внутреннее. Именно эти тексты, как лакмусовая бумажка, выявляют таких.

Может быть. Я никогда не воспринимал написанное в этих текстах в прямом виде. Отношение к высшей силе у меня никогда не увязывалось с жертвоприношениями, с обрядами в нашем мире.

Вы изначально бунтарь?

Это не бунтарство. Он меня создал таким, что та логика, которую Он в меня вместил, не позволяет мне воспринять Его в том виде, который требует таких обрядов.

И заканчивается глава:
/10/ И БУДЕТ ААРОН СОВЕРШАТЬ ОБРЯД ИСКУПЛЕНИЯ ОДИН РАЗ В ГОДУ, НАНОСЯ КРОВЬ ГРЕХООЧИСТИТЕЛЬНОЙ ЖЕРТВЫ НА ВЫСТУПЫ ПО УГЛАМ ЕГО; ОДИН РАЗ В ГОДУ БУДЕТ ОН СОВЕРШАТЬ НА НЕМ ОБРЯД ИСКУПЛЕНИЯ – ВО ВСЕ ПОКОЛЕНИЯ ВАШИ. ЖЕРТВЕННИК ЭТОТ – СВЯТАЯ СВЯТЫХ ДЛЯ БОГА.

Я думаю, Вы очень хорошо объяснили эту главу, очень понятно.

Я надеюсь, что все это будет проясняться. Люди поймут, что имеются в виду лишь духовные действия, только исправление человека. Поэтому везде надо повторять, что «возлюби ближнего» – это общий смысл Торы, то, что пронизывает ее. Никаких иных действий нет!

От того, что я сжигаю быка, от того, что строю храм – от этого ничего не изменится. Ничего. Разве что появятся различные религии, которые будут враждовать между собой и, пользуясь как бы святыми словами, убивать друг друга. Совершать действия, противоположные указанному «возлюби ближнего как себя».

Есть более оптимистичный конец? Люди начнут понимать истинный смысл?

Да. Я думаю, что сегодня мы уже находимся в таком состоянии, когда начинаем серьезно проверять книгу, вникать в смысл Торы.

Спасибо вам большое! Мы закончили эту главу. Она была абсолютно не понятна вначале, а сейчас, я надеюсь, многие уже начали что-то понимать.

Мы можем взять книги АРИ, где он объясняет каждое действие на языке сфирот, миров, парцуфим, частей Высшего мира. Описывает, каким образом мы должны действовать.

Надеюсь, мы к этому придем и пойдем дальше к все большему и большему исправлению.

Глава «КОГДА БУДЕШЬ ВЕСТИ СЧЕТ»

ПРО СКОРПИОНА И ЛЯГУШКУ

Мы начинаем главу «Ки тиса» — «Когда будешь вести счет», которую можно назвать судьбоносной.

Здесь происходит построение золотого тельца, разбиваются скрижали. Но начинается она с такой экспозиции:

/11/ И ГОВОРИЛ БОГ, ОБРАЩАЯСЬ К МОШЕ, ТАК: /12/ «КОГДА БУДЕШЬ ТЫ ПРОВОДИТЬ ВСЕОБЩИЙ ПОДСЧЕТ СЫНОВ ИЗРАИЛЯ ДЛЯ ОПРЕДЕЛЕНИЯ ИХ ЧИСЛА, ПЕРЕД ПОДСЧЕТОМ ИХ ПУСТЬ КАЖДЫЙ ПРИНЕСЕТ БОГУ ИСКУПИТЕЛЬНЫЙ ДАР ЗА ДУШУ СВОЮ, И НЕ БУДУТ ПОРАЖЕНЫ ОНИ МОРОМ ПРИ ИХ ПОДСЧЕТЕ».

Во-первых, для чего подсчет? Во-вторых, почему они должны быть поражены мором?

Мы говорим о том, что человек создан в грехе. Что значит — в грехе? В эгоистическом желании думать только о себе.

Это противоположно глобальной системе природы, которая является интегральной, аналоговой, где все происходит только во взаимодействии друг с другом. Программа, по которой действует природа, — это формула всеобщего взаимодействия, равновесия между всеми частями для выполнения общей задачи.

Наша задача — из изначального разбиения соединиться между собой настолько, чтобы превратиться в одно единое, общее. Я имею в виду людей, потому что неживая, растительная, животная части природы инстинктивно выполняют программу творения. Закон природы просто работает в них, в них самих нет свободы воли, нет никаких возможностей что-то изменить или добавить.

Глава «Когда будешь вести счет»

У людей есть свобода воли. Чтобы они реализовали ее, им дано противоположное эгоистическое свойство – действовать во зло другим. В итоге получается, что люди действуют во зло себе, потому что являются частью всей интегральной системы, но не понимают этого. Тем самым они нарушают ее.

Находясь внутри системы, матрицы, я, близорукий, не видящий далеко, все время пытаюсь забрать, урвать, притянуть к себе. И оказывается, что когда я тяну к себе, то привношу в себя огромные поражения, ущерб.

Но я этого не вижу и не понимаю, почему мое инстинктивное, эгоистическое взаимодействие с миром, которое мне дано от природы, причиняет вред.

В итоге исторического развития мы приходим к тому, что начинаем понимать, что наш эгоизм – это зло.

Мы начинаем это понимать, когда раскрывается взаимодействие между нами и приходит осознание, что от него я никуда не денусь.

Мир представляет собой единую систему, сегодня это уже является научным фактом. Но мой эгоизм все равно говорит мне: «Сделай так, как тебе лучше». То есть все построено на капиталистическом, четком эгоистическом принципе и получается, что я никуда не могу убежать от своего эгоизма.

Есть притча о том, как скорпион попросил лягушку, чтобы она перевезла его на другой берег реки. И обещал не жалить ее, иначе, он же и утонет. Все равно посередине реки скорпион не смог сдержаться, и в итоге оба погибли. Лягушка была убита ядом скорпиона и утонула, а он утонул вместе с ней.

Вот так и мы ничего не можем сделать со своим эгоизмом. Как скорпион, который не может не кусать, мы обязаны урвать себе. Мы не способны видеть дальше, наша близорукость – это огромная проблема.

Чтобы выйти на следующий уровень, нам не хватает свойства отдачи, любви, включения, ощущения того, что все вокруг – это мое, родное: увидеть семь миллиардов людей как семь миллиардов своих детей, увидеть их как части своей души. Отдать им все, чтобы присоединить к себе.

Работая таким образом только на них, на эту систему, я создаю свою душу. Своим новым отношением, любовью собираю ее по частям. В итоге альтруистической работы я приобретаю душу.

Все желания, намерения – все становится моим. Этим я получаю пропуск, билет на следующий уровень мироздания. Я вхожу в системную, аналоговую, интегральную, вечную, совершенную матрицу и в ней существую.

Таким образом, я закончил бы со своим животным уровнем, где фактически существую только со своим животным телом. Я поднялся бы на уровень существования в свойстве отдачи и любви между всеми частями, а не в свойстве эгоизма – «получить и урвать», – в котором живу сегодня.

Эти два уровня – не просто следующий выше предыдущего. Между ними другая связь: следующий не такой, как предыдущий, он – противоположный. И этот фазовый переход, конечно, огромная проблема для нас.

Пугает глобальность, честно говоря, семь миллиардов!

Не важно, на самом деле это не имеет значения. Я понимаю, что поначалу это пугает и кажется совершенно непонятным, недостижимым и просто фантастическим. Но на самом деле все не так, это вполне можно представить себе.

Глава «Когда будешь вести счет»

КАК ПОБЕДИТЬ СКОРПИОНА

Если я начну относиться к одному ближнему, как к себе, то в него уже все семь миллиардов как бы включатся?

Да, да. Перед нами стоит задача перейти на следующий уровень. К этому природа постоянно будет побуждать нас страданиями. Будет показывать, насколько мы не соответствуем следующему уровню.

Наша задача, единственная причина нашего пребывания на этом уровне, заключается в том, чтобы с него подняться на противоположный уровень. Преодолеть в себе эгоистическую тупость и понять, что мы обязаны себя сдержать. Таким образом, обретем новую, действительно райскую жизнь на другом берегу реки, добравшись туда на этой лягушке.

Пример очень хороший со скорпионом. Ведь он был уверен, что не укусит лягушку.

Да, он очень хотел сдержаться. Кто же захочет сам себя убивать? Но природа выше него. Значит, здесь мы можем продолжить эту притчу.

Как нам обезопасить себя, как на всех путях своего развития не кусать друг друга, хотя наш эгоизм, наше злое начало, постоянно нас к этому подталкивает?

Ответ в методе, который предлагает каббала. Это исправление высшим светом, когда ты входишь в систему, работаешь в группе, в правильном окружении, подготавливаешь себя к этому переходу.

Когда ты работаешь правильно в правильной системе, тебе не дадут вступить в воду, чтобы переплыть на ту сторону, если ты к этому не готов.

Если ты не изменился?

Да. Ты точно начнешь эту переправу только в случае, если к ней готов. Если нет, то будут причины, которые удержат тебя на этом берегу. Ты будешь четко понимать, что тебе еще не хватает так называемого экрана – защиты от своего эгоизма, от самого себя.

В этом заключается наша работа, наша проблема. Вот о чем эта глава.

Поэтому сказано, что не будут поражены они мором при их подсчете?

Да. В чем заключается подсчет? Подсчет – это присоединение к себе новых, отторгаемых ранее чужих желаний, намерений. Почувствовать себя с ними одним общим целым – это называется подсчетом.

Подсчет сынов Израиля.

Да. И тут есть свои законы.

Написано очень интересно:

«ПУСТЬ КАЖДЫЙ ПРИНЕСЕТ БОГУ ИСКУПИТЕЛЬНЫЙ ДАР ЗА ДУШУ СВОЮ».

Да, потому что это души, мы не просто соединяемся. Когда ты начинаешь работать выше своего эгоизма, соединяясь с другими, то здесь между тобой и тем другим, посторонним раскрывается ваше общее свойство. Общего желания не было ни у тебя, ни у него, оно создается между вами взаимно.

Ваше взаимное желание подобно Творцу, и поэтому называется душой.

Раньше этого свойства не было, то есть в нашем мире ни у одного человека в его обычном состоянии нет души.

Глава «Когда будешь вести счет»

Этого свойства просто не существует. Мы должны развить его из наших усилий, когда притягиваем высший свет. Он образует его между нами – не в каждом из нас, не в одном из нас, а только между нами.

Получается, что существует семь миллиардов людей, а душа – одна, общая. Это то пространство между нами, которое было заполнено эгоистическим отношением друг к другу. Над ним мы строим, изменяем эгоистическое на альтруистическое отношение друг к другу.

Альтруистическое отношение друг к другу и является душой.

Это как электричество возникает: происходит соединение и вдруг пошел сигнал?

Когда образуется поле взаимного притяжения, начинается совместная работа. В этом поле мы выходим из себя и живем ради других. На самом же деле не ради других – мы обретаем нашу душу.

Состояние, когда ты начинаешь ощущать себя вне себя, вне прошлого, животного, эгоистического, и является ощущением Высшего мира, ощущением Творца. К этому надо идти, этому учит нас вся Тора.

Сказано: «Я создал злое начало и создал Тору (то есть свет – от слова *ор*) для его исправления».

Сначала мы должны раскрыть в себе эгоизм. По мере его раскрытия надо желать его изменения. Когда мы меняем свое отношение к эгоизму, желаем обратить его в обратное, мы не презираем и не давим его. Мы понимаем, что эта помощь против нас создана специально. Тогда начинаем притягивать на себя высший свет, и он исправляет этот эгоизм.

Если бы скорпион понимал, ощущал, что в нем есть то, что выше него, он бы не попросил лягушку перевезти его?

Ощущать – этого недостаточно, необходимо и понимать. Он должен иметь четкую инструкцию, каким образом может быть абсолютно уверен в том, что не ужалит лягушку, то есть, действительно, не включит свой эгоизм.

И тогда они вдвоем переберутся на противоположный берег. Тут еще связка, что они вдвоем переберутся.

Только вдвоем, да.

ПОЛЕ ЛЮБВИ
Пример отличный.

/14/ КАЖДЫЙ ПРОХОДЯЩИЙ ПОДСЧЕТ ОТ ДВАДЦАТИ ЛЕТ И СТАРШЕ ПРИНЕСЕТ ПРИНОШЕНИЕ БОГУ: /15/ БОГАТЫЙ НЕ БОЛЬШЕ И БЕДНЫЙ НЕ МЕНЬШЕ ПОЛОВИНЫ ШЕКЕЛЯ ДОЛЖЕН ДАТЬ КАК ПРИНОШЕНИЕ БОГУ – ДЛЯ ИСКУПЛЕНИЯ ДУШ ВАШИХ.

Здесь в каждом моменте есть какое-то понятие.

Да, очень точные определения. Во-первых, даешь половину, вторую половину дает следующий, с которым ты соединяешься. Ведь должны соединиться в десятки, потом в сотни, в тысячи.

Значит, каждый приносит только половину от себя, и только на правильном взаимодействии между собой мы можем организоваться.

Глава «Когда будешь вести счет»

Мое просто доброе отношение к миру, моя любовь ко всему миру ничего не даст – вот в чем заключается принцип распространения.

Не может быть, что ты один – праведник, а все остальные – грешники. Ты должен сделать всех остальных такими же, как ты сам.

Только на взаимности: ты к ним и они к тебе, – можно построить поле благожелательности, отдачи, любви. Высший свет светит на него только тогда, когда есть взаимность.

Получается, что я не смогу продвигаться, если не способствую другим?

Никак, здесь одиночка ничего не может сделать. Тут обязательно должны быть товарищи, группа и все прочее, поэтому и обращение идет ко всем.

Да, к народу потом идет все обращение. Значит, половина шекеля – это моя половина, которую я вкладываю в общую копилку?

Твоя половина шекеля может быть половиной только тогда, когда ты возбуждаешь другого человека дать вторую половину. Иначе это не половина.

Когда каждый дает свою половину, – на эти усилия сверху нисходит высший свет, который называется Тора, и он соединяет всех вместе.

Это и есть «для искупления душ ваших»?

Да, через искупление. Это очищение, рождение, проявление души, связи между вами. Не вы действуете сами по себе, а раскрываются связи между вами.

Все раскрывается и кажется просто.

/16/ И ВОЗЬМИ ЭТОТ ВЫКУП, ЭТО СЕРЕБРО ОТ СЫНОВ ИЗРАИЛЯ, И ОТДАЙ ЕГО НА УСТРОЙСТВО ШАТРА ОТКРОВЕНИЯ, И БУДЕТ ЭТО БОГУ НАПОМИНАНИЕМ О СЫНАХ ИЗРАИЛЯ – ДЛЯ ИСКУПЛЕНИЯ ДУШ ВАШИХ.

Ты берешь это и отдаешь.

Ради Творца! Это должно быть сделано не потому, что мы желаем обрести нашу душу, не потому, что нам будет хорошо. В таком случае это будет эгоистическое обретение.

Желание обрести душу – это наше общее желание, чтобы в нем раскрылся Творец, свойство отдачи и любви. Мы желаем, чтобы раскрылась Высшая сила для того, чтобы доставить ей удовольствие.

Так же, как в примере гостя с хозяином. Хозяин желает насладить гостя, и гость согласен принимать от него только в том случае, если при этом доставляет удовольствие хозяину. Тогда гость ставит себя в равное положение с хозяином, поднимается до его уровня. Мы в данном случае поднимаемся до уровня Творца.

Маленькое добавление, что это ради Творца, ради наслаждения Его, меняет абсолютно все?

Да, абсолютно все. То есть поднимает нас на уровень абсолютной отдачи.

/17/ И ГОВОРИЛ БОГ, ОБРАЩАЯСЬ К МОШЕ, ТАК: /18/ «СДЕЛАЙ МЕДНЫЙ УМЫВАЛЬНИК НА МЕДНОМ ОСНОВАНИИ – ДЛЯ ОМОВЕНИЯ, И ПОМЕСТИ ЕГО МЕЖДУ ШАТРОМ ОТКРОВЕНИЯ И ЖЕРТВЕННИКОМ, И НАЛЕЙ В НЕГО ВОДЫ. /19/ И БУДУТ ОМЫВАТЬ ИЗ

НЕГО ААРОН И СЫНОВЬЯ ЕГО РУКИ И НОГИ СВОИ. /20/ ПЕРЕД ТЕМ, КАК ВОЙТИ ИМ В ШАТЕР ОТКРОВЕНИЯ, ОМОЮТСЯ ОНИ ВОДОЙ И НЕ УМРУТ…»

Человек должен очистить себя в своих желаниях. Говорится о духовном строении наших желаний, которые, как наше тело, состоят из головной части и туловища.

Туловище не имеет здесь никакого значения, потому что самое главное – это наши руки и ноги: то, что мы берем, и к чему мы идем. Их надо омывать: они являются инструментом нашего движения вперед, нашего взаимодействия друг с другом.

Направляющий и берущий.

Да. Само туловище – это сфира тифэрэт. Оно является пассивным относительно рук и ног.

Куда тебя несут ноги, и что ты загребаешь своими руками – за это отвечает голова. Голова должна решить. И тогда омыть ноги и руки означает очистить их от эгоистических намерений. И можешь входить в шатер.

Говорят: «И тогда омоются они водой и не умрут».

Ты не будешь получать ради себя, не оторвешься от высшего света. Если ты получаешь для себя – это и есть духовная смерть.

ОДЕЖДА, ПАЛАТКА, ВЕСЬ МИР
Здесь есть маленькая добавка:

/33/ ТОТ, КТО ПРИГОТОВИТ ТАКОЕ ЖЕ МАСЛО, КАК ЭТО, И ТОТ, КТО ПОМАЖЕТ ИМ ПОСТОРОННЕГО ЧЕЛОВЕКА, БУДУТ ОТТОРГНУТЫ ОТ НАРОДА СВОЕГО.

То же самое с бальзамами и с воскурениями. Кто не имеет отношения к этому – касаться не должен.

Только человек, который поднялся до уровня коэна – большого уровня свойства взаимности и отдачи, который ничего не имеет для себя, а все в нем направлено только в сторону отдачи.

На уровне коэна у человека уже нет никаких желаний что-то приобрести, взять для себя.

Тут каждый раз говорится о новой ступени. На прошлой ступени ты должен быть подготовлен как коэн. На этой ступени ты должен еще и омыть свои руки и ноги, войти в шатер, то есть в совершенно новое состояние. И там начать работать с этими новыми желаниями.

Это состояние называется шатер откровения. И опять тут присутствует очень много деталей.

Мы состоим из внутренних частей и внешних. Существую я в своем теле, и вокруг меня существует мир. Этот мир тоже является моим телом. Только он позиционирует себя, как внешний вокруг меня.

Есть тело, есть одеяния на теле – это присуще человеку, не животным. Затем, кроме этого одеяния, есть еще палатка, далее – пустыня, как бы окружающее пространство. Палатка является элементом, следующим за одеянием.

Одеяние – это наши экраны, противодействующие нашему эгоизму. Мы одеваемся и тем самым как бы скрываем свой эгоизм, свой стыд, защищаем свое тело от холода или от жары.

Палатка призвана дать нам следующий уровень развития, ты можешь в ней существовать, себя обустраивать. Это тоже считается как бы твоей частью, это твой дом, но все-таки не полностью исправленный. Палатка – еще не входящее внутрь свойство, так же, как и одежда.

В итоге исправления всегда получается так, что когда ты идешь на следующую ступень, тогда то, что было на тебе духовным одеянием, превращается в твое тело. На следующей ступени палатка тоже превратится в твое тело.

И так ты вбираешь весь мир?

Так вбираешь весь мир. Ты поднимаешься на следующую ступень, которая была до этого одеянием, – одеяния входят в тебя. Следующая ступень была когда-то палаткой, ты поднимаешься на нее: одеяние уже внутри и палатка тоже входит в тебя.

Постепенно все более внешние желания, которые казались тебе совершенно посторонними, ненужными или даже просто далекими, включаются в тебя и становятся твоими личными. Так идет, пока всю душу, то есть практически все мироздание, ты не начинаешь ощущать как свое личное духовное тело.

То есть это ступени вбирания в себя всего, что есть вокруг.

Дальше впервые упоминается Бецалель. И говорится:

/1/ И ГОВОРИЛ БОГ, ОБРАЩАЯСЬ К МОШЕ, ТАК: /2/ «СМОТРИ – ПРИЗВАЛ Я БЕЦАЛЕЛЯ, СЫНА УРИ, СЫНА ХУРА, ИЗ КОЛЕНА ЙЕУДЫ, /3/ И НАПОЛНИЛ ЕГО БОЖЕСТВЕННЫМ ДУХОМ, МУДРОСТЬЮ И РАЗУМЕНИЕМ, И ЗНАНИЕМ, И ТАЛАНТОМ К ЛЮБОМУ РЕМЕСЛУ: /4/ ИСКУСНО ТКАТЬ, РАБОТАТЬ ПО ЗОЛОТУ, И ПО СЕРЕБРУ, И ПО МЕДИ, /5/ И РЕЗАТЬ КАМНИ ДЛЯ ВСТАВЛЕНИЯ В ОПРАВЫ, И РЕЗАТЬ ПО ДЕРЕВУ – К ЗАНЯТИЯМ ВСЕМИ РЕМЕСЛАМИ. /6/ И ВОТ, НАЗНАЧИЛ Я ООЛИАВА, СЫНА АХИСАМАХА, ИЗ КОЛЕНА ДАНА, ЧТОБЫ ОН РАБОТАЛ ВМЕСТЕ С НИМ; И В СЕРДЦЕ

КАЖДОГО ИЗ ТЕХ, КТО МУДР СЕРДЦЕМ, ВЛОЖИЛ Я ОСОБУЮ МУДРОСТЬ – И СДЕЛАЮТ ОНИ ВСЕ, ЧТО Я ПРИКАЗАЛ ТЕБЕ».

Появляются новые желания – Бецалель, который становится легендарным, который все строит.

Бецалель, то есть мудрый сердцем. Он может выразить свойство отдачи и любви в таком виде, в такой духовной работе, которая четко проявляется в духовном мире. Речь не идет об одном человеке, который все делает.

В каждом из нас есть свойство Бецалель, но надо отыскать его. Каждый из нас должен научиться выражать свои альтруистические свойства, отношение к другим в таком виде, чтобы они замыкались на посторонних.

Это и называется созданием Храма, построением всех его атрибутов. Это максимальное выражение человеческого свойства отдачи и любви относительно мира и через него – относительно Творца.

Это свойство начинают ощущать все остальные?

Да, да. Но не все остальные. Практически через это свойство все становится общим домом, одним общим желанием.

Свойство Бецалель каждый должен проявить в себе. Так же, как каждый должен стать сначала *Исраэль* – прямо к Творцу, потом левитом и затем коэном.

Внутри всех этих свойств каждый должен найти свойства Моше и Аарон, Коэн Агадоль – главный коэн – и Бецалель. Когда человек идет по духовному пути к своему полному исправлению, он должен найти в себе все эти персонажи, каждого из них.

ГЛАВА «КОГДА БУДЕШЬ ВЕСТИ СЧЕТ»

РОЗА ИЗ КАМЕННОГО СЕРДЦА

Интересно, какой уровень – этот художник, образно говоря, внутри меня?

Из эгоизма, который является каменным сердцем, и из других элементов он может создать, вытесать полное подобие Творцу.

Каменное сердце – это самый низший элемент, а над ним существуют все драгоценные камни.

Что значит – драгоценный камень? Это то каменное сердце, в которое я вкладываю свою любовь. Мера любви преобразует его в драгоценный камень. Не потому, что он, допустим, алмаз или какой-то другой драгоценный или полудрагоценный камень. Никаких драгоценностей тут нет.

Драгоценность заключается в том, что свой камень я смог обратить в розу, допустим, как Книга Зоар говорит. Первая статья Книги Зоар – это «Роза». Роза с шипами.

Как можно обратить одно в другое?

Это Бецалель?

Работа свойства Бецалель в нас. Мудрое сердце делает человека. Когда в нем существует свет хохма и свет хасадим, тогда он может это создать.

Красиво. То есть мое самое черное состояние, самое эгоистичное, я переворачиваю и превращаю в «розу», как Вы говорите, в храм.

Да. Роза – это то свойство, где раскрывается Творец.

Далее перечисляется: они сделают шатер откровения, ковчег, крышку, менору, светильник. Все это наши свойства, которые в нас раскрываются. Дальше идет так:

/12/ И СКАЗАЛ БОГ, ОБРАЩАЯСЬ К МОШЕ, ТАК: /13/ «А ТЫ СКАЖИ СЫНАМ ИЗРАИЛЯ ТАК: НО СУББОТЫ МОИ ХРАНИТЕ, ИБО ЭТО – ЗНАК МЕЖДУ МНОЮ И ВАМИ НА ВСЕ ПОКОЛЕНИЯ ВАШИ, ЧТОБЫ ЗНАЛИ ВЫ, ЧТО Я – БОГ, ОСВЯЩАЮЩИЙ ВАС».

Суббота является символом полного исправления. Шесть дней аллегорически олицетворяют шесть тысяч лет, в течение которых в нас раскрывается эгоизм.

Эгоизм начал проявляться в людях шесть тысяч лет назад. Он впервые раскрылся, при этом раскрылся как зло, в один день в нулевом году, с которого мы ведем свой календарь.

Календарь в иудаизме духовный, потому что мы отмечаем день, когда человек – его звали Адам – не случайно, конечно, раскрыл свой эгоизм и смог его исправить. Но его эгоизм был очень маленьким.

Адам первый в раскрытии исправил его и смог понять, как устроен мир, обратная сторона мира, скрытая от нас.

Наш мир эгоистический, построенный на отрицании других, на использовании других, на постоянной связи друг с другом подобно отношению скорпиона к лягушке. Но нам надо сделать его противоположным.

Адам раскрыл всю эту систему, описал ее в своей книге, которая называется «Тайный ангел», то есть тайная сила. Ангел – это сила. Мы ведем наше летоисчисление с тех пор до конца всего исправления.

Первым был Адам, поэтому он называется Адам Ришон – первый человек, который сделал исправление и достиг подобия Творцу. Адам Ришон – в переводе с иврита означает первое подобие Творцу.

До всеобщего заключительного полного подобия Творцу должно пройти шесть тысяч лет. Срок может быть укорочен, потому что на последнем этапе появляется свобода воли, за счет которой можно сократить его. Но если мы его не сокращаем, тогда эта дата остается в силе.

В духовном виде шесть тысяч лет повторяются на каждой ступени. И получаются маленькие ступеньки, тоже проградуированные по шесть. Седьмое тысячелетие — это окончательное исправление. То есть получается неделя.

В нашем мире ничем не обусловлено такое понятие, как неделя. Есть месяц, день, год, то есть астрономические определения, но недели нет.

Неделя — это духовное понятие, которое пришло к нам от Адама. В нем мы и существуем.

И помним седьмой день. Почему?

И помним седьмой день. В седьмой день нельзя работать. Таким образом, мы как бы олицетворяем общее исправление, показываем, что желаем прийти к такому состоянию, когда уже ничего не надо исправлять.

Суббота — день покоя. Шесть дней недели и суббота практически олицетворяет собой окончательное исправление.

День, когда Адам постиг эту систему, постиг свой эгоизм, захотел все исправить и разбился — это пятница. А исправил он себя до наступления субботы.

Потому мы и празднуем эти дни. Но, в принципе, Адам начал все постигать за пять дней до этого. В первый день — от него мы и ведем отсчет.

Новый год начинается с пятницы. День за пять дней до пятницы мы называем днем сотворения мира. Тогда Адам ощутил, понял, что мир совершенно не такой, каким он представляется в животных ощущениях человека.

Мир, то есть следующая более высокая ступень, намного шире и вообще не относится к животному телу. Есть неживая, растительная, животная природа. И есть человек – Адам, которого мы должны взрастить в себе.

ПРОБЛЕМЫ НОВОРОЖДЕННОГО

Дальше начинается самое интересное в этой главе – про золотого тельца.

Моше находится с Творцом на горе Синай, и происходит между ними известный разговор. В это время вот что случилось под горой:
/1/ И УВИДЕЛ НАРОД, ЧТО ВСЕ ЕЩЕ НЕТ МОШЕ, КОТОРОМУ ПОРА СПУСТИТЬСЯ С ГОРЫ, И ОКРУЖИЛ НАРОД ААРОНА, И ПОТРЕБОВАЛ: «ВСТАНЬ, СДЕЛАЙ НАМ БОЖЕСТВО, КОТОРОЕ ПОЙДЕТ ПЕРЕД НАМИ! ПОТОМУ ЧТО ЭТОТ ЧЕЛОВЕК, МОШЕ, КОТОРЫЙ ВЫВЕЛ НАС ИЗ СТРАНЫ ЕГИПЕТСКОЙ, ПРОПАЛ И НЕ ЗНАЕМ МЫ, ЧТО СТАЛОСЬ С НИМ».

Это, конечно, психологически, философски, социально самая глубокая драматическая ситуация, которая затрагивает внутренние свойства человека. На каждой ступени она повторяется!

Каждый момент повторяется внутри человека, если он правильно идет вперед, правильно выбрал и понял свое место, ориентир, замкнул себя на правильную цель.

Человек идет за Моше?

Моше в тебе. Ты делаешь правильный шаг... И как только ты делаешь правильный шаг, то в конце этого шага Моше пропадает, потому что ты сливаешься с ним.

Дальше как двигаться? Ориентира нет, настоящее состояние зыбкое, ты встал одной ногой вперед. А дальше? И тогда в тебе возникает следующая стадия – Аарон. Это уже знание.

Моше – это вера. Аарон – это знание. И ты обращаешься к нему. К чему еще обратиться? Нет свойства отдачи, нет свойства любви: это все куда-то вдруг исчезло из тебя!

В духовном движении твои внутренние свойства все время меняются. Они идут по синусоиде, то есть поднимаются, опускаются, пропадают, постоянно проходят точку бифуркации. Когда они пропадают, то это характеризует состояние подъема, начало следующей ступени, как бы рождение.

Ты проделал огромные усилия для того, чтобы родиться, ты развился в своем внутриутробном процессе на новой ступени. Как новорожденный, ты ничего не знаешь, не понимаешь.

Здесь требуется следующее расслабление. Ты отдаешься в какие-то невидимые руки. Внутри матери ты чувствовал огромную заботу, тепло, тебя окружала вода – свойство отдачи, любви, хэсэд.

Но если в утробе матери ты ни о чем не должен был думать, кроме того, чтобы принадлежать этой высшей ступени, то сейчас ты должен ее искать. В чем проблема новорожденного? Он все время ищет, тычется в разные стороны, как это делают слепые котята, волчата, тигрята.

Когда ориентир пропадает, человек не знает, что делать. Ему обязательно нужна уверенность, причем внутренняя, собственная, обретение своего якоря, базы. Основа, которой человеку не хватает, чтобы за нее держаться, и есть золотой телец.

Золотой телец олицетворяет собой знание, которое владеет мною, и я согласен с его властью надо мной. В руках человека есть инструменты, здравый смысл, – только в соответствии с этим он идет вперед.

Но как ты можешь идти вперед, если движение вперед основано на том, что все время у тебя образуются пустоты? Ты не знаешь, сомневаешься, теряешься, делаешь шаг как бы в воздух.

Ты продвигаешься только благодаря тому, что делаешь этот шаг в воздух и готов отдать его Творцу, а не поставить ногу на твердую здравую основу.

Следующая ступень отделяется от предыдущей высотой ступени, высота ступени – это вера.

То есть нога ищет почву?

Почва – это вера. Ты должен поднять ногу на новую веру, то есть на отдачу и любовь, от которой пока нет никакой взаимности, никакого знания, – нет ничего.

Когда ты поднимаешь ногу и можешь абсолютно аннулировать себя на каком-то уровне, тогда на этот уровень ты можешь встать. Только тогда. И обретать на этом уровне знания. Теперь уже следующая нога должна буквально подняться в воздухе, то есть без всяких доказательств правоты, понимания, ясности. Без опоры.

Каждая ступень, на которой ты находишься и ее осваиваешь, – это длительный процесс, это постижение света внутри наших четырех стадий АВАЯ, имя Творца в нас.

Затем снова следует подъем до следующей ступени и снова: 125 ступеней подъема, которые делятся, в свою очередь, на очень много ступеней. Это, практически, огромное множество, но не бесконечное, конечно.

В основе каждого подъема лежит вера выше знания.

Получается, что постоянно исчезает почва, то есть исчезает Моше на каждой ступени?

Да. Моше тут присутствует в качестве путеводителя. И вдруг он исчезает. Тогда человеку необходима здравая основа, это и есть золотой телец.

Золото – *загав* на иврите, *зэ гав*, то есть существующее точно, четко, имеющее власть. С одной стороны, золото – благородный металл, в нем есть огромная сила Творца. Но с другой, эта сила всегда применяется в эгоизме только для того, чтобы завладеть, быть уверенным, способным.

ЗОЛОТЫЕ КОЛЬЦА В УШАХ

Она дает земную безопасность?

Да, это и есть сотворение тельца.

В принципе, все взято из Египта. Все знания, все основы, все, что наполняет эгоизм и дает человеку уверенность, – это основа Фараона. Поэтому он и был против Творца, и говорил Моше: «Кто же в вашем пути ведет вас вперед: я или Творец?» То есть идти знанием или подъемом отдачи, в любви – получением или отдачей.

Здесь народ, взяв египетское золото, делает из него изображение тельца. Что значит изображение тельца? Вообще он олицетворяет собой свойство отдачи. Но когда его делают из золота, то он заменяет свойство отдачи.

Можно так сказать, что именно сомнение на каждой ступени, когда исчезает Моше, определяет правильность пути?

Да. Хочу тут немножко уточнить: человек не делает каждый раз золотого тельца, он его раскрывает в себе.

Золотой телец делается один раз, так же как один раз происходит разбиение келим, сосудов, разбиение души. Потом мы это раскрываем: «О, еще разбито, еще разбито!»

Разбиение сосуда – это появление огромного, духовного эгоизма. Создание тельца – из эгоизма ты формируешь какую-то форму, которая, тебе кажется, ведет тебя вперед.

В этом есть уже твоя духовная, но антиработа: нечистая, противоположная Творцу. Ты идешь как бы в противоположную сторону.

Ничего страшного в этом нет, кроме одного – ты идешь в противоположную сторону, пока не входишь в страдания, которые и поворачивают тебя обратно.

В принципе, все заключается только в том, чтобы выбрать легкий, короткий, быстрый путь.

Или быстро пройти тупиковый путь?

Да, не натыкаться все время на страдания, учиться на ударах.

«Окружил народ Аарона, потребовал у него – встань».

Все наши внутренние свойства, желания работают таким образом, что заставляют нас искать, что делать. Аарон должен был их научить, потому что сами они не знали.

Дальше сразу сказано, без сомнений:
И СКАЗАЛ ИМ ААРОН... СНИМИТЕ ЗОЛОТЫЕ КОЛЬЦА С УШЕЙ ВАШИХ ЖЕН, СЫНОВЕЙ И ДОЧЕРЕЙ И ПРИНЕСИТЕ МНЕ. /3/ И СНЯЛ ВЕСЬ НАРОД ЗОЛОТЫЕ КОЛЬЦА СО СВОИХ УШЕЙ, И ОТДАЛИ ИХ ААРОНУ.

Да, все украшения, которыми они украшали себя в духовной работе: женская, детская часть – все ушло на противоположную работу.

Аарон – это желание, первосвященник в нас, правильно?

Это самая большая сила, которую они в данный момент нашли, чтобы двигаться вперед.

Если бы не эта сила, как бы они создали тельца?

Как эта сила соглашается вдруг...?

Эгоизм властвует. Ты шел-шел каким-то путем вперед, и тебе казалось, что этот вектор абсолютно верный. Теперь эгоизм приподнялся. И то, что ты заработал на этом пути, то, куда ты продвинулся, теперь оборачивается в противоположность.

И даже первосвященник – свойство, вроде бы совершенно чистое, превращается в совершенно нечистое?

Конечно. В мире мы встречаем это везде. Человек занимается наукой, хочет принести людям добро и счастье, а потом его переубеждают: «Идем к нам, будем изобретать химическое оружие».

Хотел лечить людей, а в результате уничтожает их.

И дальше так:
/4/ И ВЗЯЛ ОН КОЛЬЦА ИЗ РУК ИХ, И ОБРАБОТАЛ РЕЗЦОМ, И СДЕЛАЛ ЛИТОГО ТЕЛЬЦА; И ВОСКЛИКНУЛИ ОНИ: «ВОТ БОЖЕСТВО ТВОЕ, ИЗРАИЛЬ, КОТОРОЕ ВЫВЕЛО ТЕБЯ ИЗ СТРАНЫ ЕГИПЕТСКОЙ!»

Что это – уши? И кольца в ушах?

Имеется в виду, что сейчас все свойства человека: зрение, слух, обоняние, осязание, тактильные ощущения, вкус – обретают эгоистическую направленность.

Внутренние свойства человека, которые способствовали его движению вперед, теперь приобретают другой вид. Для человека ничего страшного в этом нет, он не понимает, не знает и не чувствует, что идет в обратную сторону.

Для него это такое же движение вперед?

Движение вперед абсолютно четкое, причем явно опирающееся на что-то: «Вот это есть у нас в руках!»

Знание.

Страшное дело – необходимость в опоре. У нас, кроме этого, ничего нет.

Есть желания и их наполнение. Знание – это самое высшее наполнение желаний. Пища, секс, семья, богатство, власть и знания. Когда мы наполняем наши желания знанием, тогда чувствуем, что мы владеем, властвуем, мы – это всё!

Здесь, напротив, необходимо идти, приобретая высшее, новое знание, заменяя его все время на отдачу и любовь вопреки знанию.

Подъем совершается тогда, когда я вижу, что согласно моему знанию, согласно эгоистическому пониманию, мне надо сделать именно такой шаг. А я делаю совсем другой расчет, причем не противоположный ему: я не против знания, я выше его.

Важно чувствовать, что значит – выше, а не против. Иногда говорится «против знания». Имеется в виду не отметая знание, а в смысле – приподнимаясь над ним.

Отметая знание, я как бы аннулирую, совершенно не принимаю его в расчет.

Приподнимаясь над знанием – я нахожусь на предыдущем уровне своего знания, и, чтобы подняться к следующему высшему знанию, я должен подняться на ступеньку методом повышения веры. То есть путем повышения отдачи и любви без всякой основы, вопреки своему внутреннему эгоистическому порыву.

ПОВТОРЯЮЩИЙСЯ СЦЕНАРИЙ

В каком случае я могу это сделать, не опираясь ни на что?

«Возлюби ближнего как себя» – это является нашим постоянным упражнением.

Если человек двигается посредством золотого тельца, здесь отсутствует какая-то подступенька, которая, на мой взгляд, называется страх?

Нет, страхом их и толкают к тельцу!

Их толкают к тельцу, и они обретают уверенность в тельце?

Да, конечно, в тельце. Вопрос у тебя: чем можно заменить страх?

Да. Страх, неуверенность они заменяют тельцом?

Это проблема большая! Страх должен работать со стыдом. Человек должен контролировать себя в размере стыда, который повышается в нем на каждой ступени.

Стыд вызвал в нас первое сокращение. И стыд должен привести нас к тому, чтобы с его помощью нащупать

Творца. Потому что происхождение стыда заключается в ощущении стоящего против меня Творца.

Сделали золотого тельца, воскликнули:
«ВОТ БОЖЕСТВО ТВОЕ, ИЗРАИЛЬ, КОТОРОЕ ВЫВЕЛО ТЕБЯ ИЗ СТРАНЫ ЕГИПЕТСКОЙ!»

Все забыто. Из страны египетской вывело их это божество, не Творец.

И в этом тельце вместе с тобой идет весь Египет. То есть ты, в общем-то, никуда не вышел.

/5/ И УВИДЕЛ ААРОН, И ПОСТРОИЛ ЖЕРТВЕННИК.

Можно сказать только одно, если человек не идет в свойстве отдачи и любви к ближнему и через это – к любви к Творцу, не идет постоянно с этим призывом в себе, то он из Египта вообще не выходит.

Человек крутится в Египте и пребывает в полной уверенности, что уже находится в полном исправлении.

Написано:

/5/ И УВИДЕЛ ААРОН, И ПОСТРОИЛ ЖЕРТВЕННИК ПЕРЕД НИМ, И ОБЪЯВИЛ ААРОН: «ЗАВТРА – ПРАЗДНЕСТВО БОГУ!» /6/ И ВСТАЛИ ОНИ НАЗАВТРА ПОРАНЬШЕ, И ВОЗНЕСЛИ ЖЕРТВЫ ВСЕСОЖЖЕНИЯ, И ПРИГОТОВИЛИ МИРНЫЕ ЖЕРТВЫ; И УСЕЛСЯ НАРОД ЕСТЬ И ПИТЬ, И ПОДНЯЛИСЬ ЗАБАВЛЯТЬСЯ.

Назавтра тут полная радость. Есть основа, да?

Во всех эгоистических желаниях, наконец-то, у тебя есть твердая основа, чтобы радоваться жизни в этом и в будущем мире.

Ты полностью уверен, что находишься во всем. Кроме единственного. Чего? Раскрывается Творец? Нет. Почему?

А что они обрели? Они Творца тут не обрели. Пропал Моше и пропал Творец.

Но им этого и не надо. Они заполнили себя настолько, что об этом нет никакой мысли. Они чувствуют себя хорошо, уверенно, толстеют, обретают вид серьезный, хороший и занимаются собой.

Можно провести аналогию с нашим миром. Человек, который имеет богатство, – это нормально сегодня.

Твердое устойчивое состояние, стремление к власти, знанию, богатству в этом мире – это все признаки золотого тельца.

Наполнение золотым тельцом.

/7/ И ГОВОРИЛ БОГ, ОБРАЩАЯСЬ К МОШЕ: «ИДИ ВНИЗ, ИБО РАСТЛИЛСЯ ТВОЙ НАРОД, КОТОРЫЙ ВЫВЕЛ ТЫ ИЗ СТРАНЫ ЕГИПЕТСКОЙ. /8/ БЫСТРО СОШЛИ ОНИ С ПУТИ, КОТОРЫЙ Я ЗАПОВЕДАЛ ВАМ», И СКАЗАЛ БОГ, ОБРАЩАЯСЬ К МОШЕ: «УВИДЕЛ Я, ЧТО НАРОД ЭТОТ – НЕПРЕКЛОННЫЙ! /10/ А ТЕПЕРЬ ОСТАВЬ МЕНЯ, И ВОСПЫЛАЕТ МОЙ ГНЕВ НА НИХ, И УНИЧТОЖУ Я ИХ, А ОТ ТЕБЯ ПРОИЗВЕДУ ВЕЛИКИЙ НАРОД!»

Уже в который раз закручен этот сценарий! Народ совершил прегрешение.

СОАВТОР КНИГИ

Народ совершил прегрешение, но это – с одной стороны. С другой стороны, невозможно уничтожить их, потому что полное исправление должно проявиться именно во всей этой массе.

Произвести народ из Моше – это всего лишь небольшая толика, маленькая часть всего человечества. То, что Творец говорит Моше, – это то, что раскрывается Моше. Он пишет книжку, он тут писатель.

На иврите, в отличие от других языков, вообще нет слова писатель. На иврите есть слово *софер* – переписчик, тот, который водит рукой.

А пишет Творец. Так везде и во всем, потому что все приходит от Творца. Моше является как бы соавтором, ему диктуют книгу.

Проводником?

Да. Он пишет под диктовку как бы, то есть из себя, из того, что в нем раскрывается каждый раз.

Что Творец хочет сказать ему? Из свойства бины, представителем которого является Моше, можно создать народ.

Но этот народ будет недостаточным, это будет только свойство отдачи, типа ангела, у которого нет ни эгоизма, ни свободы воли – все подавляется. Это будет часть, которая совершенно не пригодна ни для какой последующей миссии.

Тут просто аналитически показывается, что такой путь не реализуем, потому что мир этим исправлен не будет.

Цель творения не будет достигнута?

Нет, конечно.

Она будет достигнута, только если присоединиться ко всем этим плохим и эгоистичным?

И чтобы была с ними связь, которая потом возобновилась бы.

Невозможно отрубить так: только от тебя Я произведу народ. От тебя – это значит, только от той части души человека, которая поднялась к Творцу и называется Моше.

Исправить какую-то часть души – это изолировать ее полностью и не дать вообще никакого выхода на всю огромную душу, изуродованную эгоизмом. Невозможно оставить ее в таком абсолютно безнадежном состоянии.

Моше еще раз показывает, насколько в нем все-таки существует связь с народом, несмотря на то, что он поднялся. Именно эта связь, этот узелок, который он сейчас выявляет и говорит, что нет, я не согласен.

Надо, чтобы именно этот узелок проявился. Поэтому Творец говорит: «Давай мы сделаем народ из тебя». А Моше в ответ: «Нет, у меня есть связь с ними. Давай сделаем так, чтобы можно было через меня вернуть их к исправлению».

/11/ И СТАЛ УМОЛЯТЬ МОШЕ БОГА, ВСЕСИЛЬНОГО СВОЕГО, И СКАЗАЛ…

В нем начинает рождаться эта часть – связь с остальными.

Очень похоже на Авраама, который в свое время просил не уничтожать город Содом.

Поднимаясь на следующую ступень, когда находишься над ней, ты вроде бы полностью отрываешься от всех остальных. Ты должен пройти через перелом. Всегда у нас все идет через переломы, через внутренний перевал, когда обнаруживаешь связь с остальным творением.

После обнаружения этой связи начинается твое развитие. Необходим именно этот маленький хвостик, маленький ручеек, который соединяет тебя с ними. И сейчас уже ты должен развивать народ.

Поскольку это очень актуально для всех нас, я хотел бы спросить. Эта связь и есть работа с неисправленным народом в себе? То есть сначала надо создать Моше? На это должно уйти время, а потом Моше должен обязательно соединиться и снова начать работать с этим грунтом?

Конечно. Все построено на двух противоположных свойствах.

Моше нельзя замкнуться и работать, чтобы через него проходило свечение?

Это то, что пытаются делать так называемые каббалисты-теоретики.

Об этом сказано только одно: «Внутри своего народа нахожусь Я». Всё! РАБАШ любил это повторять очень часто, как бы давая нам намек, приучая к этой фразе. У него был десяток фраз, которые он все время употреблял тут и там, надеясь, что ученики это запомнят.

ВОР УКРАЛ КАББАЛУ

И Вы чувствовали, что его направление именно в соединении с народом, который еще не исправлен?

В 1982 или в 83-м году я написал свои первые три книги по каббале.

РАБАШ это знал и одобрил. Он знал, что они будут переданы в Россию.

Потом я издавал книги в новосибирском издательстве, по десять центов за книжку. 50 тысяч книг. Потом, уже после событий девяностых годов, со мной связывались люди и говорили, что они читали эти книги.

Я Вам не рассказывал историю про парня, который отсидел девять или десять лет за воровство? Он выходил, крал и садился снова.

Как-то взяли они одну квартирку, забрали золото, золотых тельцов, – все, как надо, а этот парень захватил с полки еще несколько книжек. Одна из них определила его жизнь. Он стал ее читать, оставил свои набеги. Так начался его новый путь.

Случайно он взял книгу. Это была как раз ваша новосибирская книга.

РАБАШ был за широкое распространение. Во всем это я видел. Да, он знал меня, понимал меня, он видел, к чему это идет.

При нем я давал лекции в Тель-Авиве. А как я привел к нему учеников? Я пошел в «Центр каббалы» Берга и начал им преподавать, объяснять. Кто там был? Молодые парни из Тель-Авива.

РАБАШ был за это! Причем я ходил туда преподавать в то время, когда должен был выезжать с ним на море, в парк. Ходил к ним за счет занятий с ним.

Бааль Сулам, ты думаешь, сидел бы спокойно сейчас? Что делал бы он, исходя из всех его статей? Сидел бы тихо в своей квартире в Иерусалиме?

Нет. Точно пошел бы в народ!

Да, Бааль Сулам был бы всем и для всех – несомненно!

Вся его жизнь – попытка работать вместе, идти дальше, распространять знания, даже газету. Вся его жизнь была в этом – собраться и выходить.

Да. Только на это!

Почему не слышат этого? Или находят успокоение в тихом круге, типа золотого тельца, когда сидишь, учишь, вспоминая былые дни?

Когда у Джереми Лангфорда умерла жена, я приехал к нему с Дороном Гольдиным. Джереми был одним из учеников РАБАШа, которого я привел к нему. Он был руководителем в центре Берга. Мы знали друг друга очень много лет.

Так вот там сидел Шимон Итах, брат покойной. Он смотрит на меня и говорит: «Теперь я вспоминаю, ты когда-то поругался с РАБАШем и не поехал с ним на море. И поехал вместо тебя я». Пара таких случаев действительно были.

«И я помню, – он говорит, – мы с ним стоим на берегу перед тем как войти в воду, и я говорю: "Ребе, зачем Вам Михаэль все время? Оставьте Вы его. Что Вы все время вместе с ним?"».

Шимон Итах тогда был еще молодой, может быть, лет 20 с небольшим. Он пришел к РАБАШу, потому что его сестра вышла замуж за Джереми.

Так он говорит: «Я помню, РАБАШ тогда сказал мне, что у Михаэля особая душа, и поэтому я с ним занимаюсь».

К чему я это говорю? Я думаю, особенность тут заключается не в какой-то там большой душе, а в том, что меня все время жжет изнутри движение к раскрытию. То есть максимальная реализация каббалы, как указано Бааль Суламом в том, что каббала – это методика раскрытия Творца в этом мире.

Бааль Сулам не просто великий человек, он – реализатор, можно сказать. Я думаю, поэтому и мало таких людей. Очень жаль!

Представляешь, если бы было много?! Сколько среди наших таких? Как только мы сами начинаем двигаться вперед в массы, сразу же отсеивается от нас какое-то количество людей. Не согласны, не хотят, даже пассивно не могут это принять.

Что пишут каббалисты об этом? Хаим Виталь в предисловии к книгам АРИ, которые он все издал, пишет: «Я сижу и страдаю: когда же проявится сила исправления?» Он критикует всех, которые сидят и ничего не делают.

Я не имею права никого критиковать, я не Хаим Виталь. Куда нам сравниваться с ним…

Но невозможно убедить человека. Я вижу по людям, что они и хорошие исполнители, и умеют правильно организовать людей, и вести их вперед. Но если в них нет изнутри толчка двигать вперед, просвещать, то какими бы хорошими заводилами, массовиками они ни были, именно в каббале они не поведут вперед. И это очень жаль. Будут на спокойной работе где-то рядом.

Даже мои сегодняшние ученики, которые умеют руководить, управлять, организовать распространение, я не думаю, что они будут давить на распространение дальше, если меня не будет.

У Вас есть даже такие мысли?! Вы думаете, что могут не выдержать?

Да. Вот этого внутреннего огня нет. Есть в нескольких отчасти, но очень мало! Это особое свойство, оно не говорит о высоте каббалиста.

Если бы его во мне не было, может быть, я был бы намного выше, потому что тут ты идешь вниз. Так Бааль Сулам просил, чтобы его понизили ближе к народу. Так что, дается – дается, нет – нет…

НЕ ГУБИ НАРОД СВОЙ!

Мы продолжим о Моше и золотом тельце.

Моше стал возражать Творцу, который сказал ему: «Я уничтожу этот народ и из тебя создам народ», – то есть из Моше.

Моше практически поднялся до уровня Творца. Он поднялся на гору Синай.

Он поднялся до уровня Творца и может ему возражать?

Не только. Творец говорит ему: «Я сейчас добавлю все необходимое для того, чтобы ты полностью стал рядом со Мной».

Здесь создам из тебя народ, то есть добавлю к тебе такие желания, которые сформируют твой образ в виде Адама, подобного Мне, находящегося в слиянии со Мной.

Все остальное творение так и будет законсервировано. Оно останется на уровне неживого, растительного и животного – вся природа.

Природа человеческая, которая будет реализована в ступени Моше, поднимется наверх.

Я только сейчас понял, что это мощнейшая взятка: «Ты можешь оказаться на Моем уровне, оставь их в покое»…

Творец дает возвышения, гладит по головке, и ты можешь купиться на это на каждом уровне.

Почему Моше возражает? Почему ему не дороже свои свойства, которые он понимает, знает, четко реализует, – свойства Творца, состояние слияния с Ним?

Моше идет на возражение, на новые преобразования, нисхождение в Египет, в эту нечистоту, эгоизм. Причем эти свойства противоположные, очень противные друг другу.

И что же тянет его туда?

Ему проявляется вечность…

Да. Здесь показывается, что только через любовь к ближнему ты раскрываешь, что у тебя может быть любовь к Творцу. Тебе нельзя иначе выразить любовь к Творцу, кроме как через любовь к ближнему.

Творец проверяет Моше. Если Я создам из тебя народ, ты все получишь в маленьком состоянии. Весь твой огромный потенциал ты можешь выразить, если пойдешь сейчас на эту каторгу, пройдешь ее всю, все возьмешь, исправишь, очистишь и поднимешь ко Мне. Выбирай!

На самом деле Моше идет к народу, которому он уже не нужен?

Да вы что?! Как вообще можно спуститься к этому?! Это же ужас! Это страх! Это твои самые большие противники. И он идет. Причем идет со скрижалями, спускается и на глазах у них…

Представь себе это, ты берешь и разбиваешь скрижали об этого золотого тельца, а потом берешь его самого и растираешь в пыль.

Вот что здесь происходит.

/11/ И СТАЛ УМОЛЯТЬ МОШЕ БОГА, ВСЕСИЛЬНОГО СВОЕГО, И СКАЗАЛ: «ЗАЧЕМ, БОЖЕ, ГНЕВАТЬСЯ ТЕБЕ НА НАРОД ТВОЙ, КОТОРЫЙ ВЫВЕЛ ТЫ ИЗ СТРАНЫ ЕГИПЕТСКОЙ МОЩЬЮ ВЕЛИКОЙ И ДЛАНЬЮ МОГУЧЕЙ? /12/ ЗАЧЕМ ДОПУСКАТЬ, ЧТОБЫ ЕГИПТЯНЕ ГОВОРИЛИ: НА БЕДУ ОН ИХ ВЫВЕЛ – ЧТОБЫ УБИТЬ ИХ В ГОРАХ И СТЕРЕТЬ ИХ С ЛИЦА ЗЕМЛИ! ОТСТУПИСЬ ОТ ГНЕВА ТВОЕГО...»

Моше знает, понимает, что если он не исправит желания, которые называются «этот народ, прегрешивший сейчас в золотом тельце», то все эти люди обречены на смерть.

Они уже находятся в духовной смерти. И на этом уровне останутся.

Моше и говорит: «Зачем Тебе, чтоб говорили, что Ты вывел их из египетской страны, чтоб убить в горах...»

Мы на земле еще не осознаем этого. Сейчас с кризисом начинаем немножко понимать. Мы уже прошли золотого тельца, мы гонимся за ним и начинаем постигать, что эта погоня является смертью, она нас умерщвляет.

Но у нас имеется выход, благодаря тому, что есть конкретная связь со свойством Моше. А если бы этого не было?

Несчастное человечество, которое все время страдает и гонится за источником страдания? Снова получает от него страдания и снова гонится за ними! И лишь иногда испытывает маленькое отдохновение, которое дает ему силы только для того, чтобы гнаться еще дальше. И никакого просвета не видно.

В таком состоянии сделать человека бессмертным – нет большего наказания.

Да, это самое страшное. Тут он будет просить смерти на самом деле.

…ОТСТУПИСЬ ОТ ГНЕВА ТВОЕГО И ПЕРЕДУМАЙ – НЕ ГУБИ НАРОД СВОЙ!

И дальше:
/14/ И ПЕРЕДУМАЛ БОГ, РЕШИВ НЕ ДЕЛАТЬ ТОГО ЗЛА, КОТОРЫМ УГРОЖАЛ НАРОДУ СВОЕМУ.

Не делать зла, то есть постоянного, вечного заключения в нечистой силе.

СДЕЛАЕМ И УСЛЫШИМ

/15/ И ПОВЕРНУЛСЯ МОШЕ, И СТАЛ СПУСКАТЬСЯ С ГОРЫ, И ДВЕ СКРИЖАЛИ СВИДЕТЕЛЬСТВА…

Спускаться с горы – отдаляться от Творца.

Когда ты поднимаешься на гору, то поднимаешься над всеми своими сомнениями. *Ар* – на иврите гора. Происходит от слова *иурим* – сомнения. На пике твоих сомнений ты находишь Творца.

Сейчас ты спускаешься с горы, то есть сомнения пропадают. И Моше ничего не может сделать. Ступень, где находится человек, определяет его внутреннее содержание. Сейчас он спускается с горы, то есть обретает уверенность, силы, знания…

Но одновременно тот потенциал у него остается, и с этой силой он все-таки нисходит к ним.

/15/ ...И СТАЛ СПУСКАТЬСЯ С ГОРЫ, И ДВЕ СКРИЖАЛИ СВИДЕТЕЛЬСТВА – В РУКЕ ЕГО, СКРИЖАЛИ, ИСПИСАННЫЕ С ОБЕИХ СТОРОН...

То есть *паним* и *ахораим* – лицевая и обратная сторона, со стороны света и со стороны тьмы, или желания.

Что значит – исписанные скрижали?

Что они абсолютно идентичные. Мое свойство, то есть моя природа, мое желание обрело свойство света.

И вторая сторона тоже обрела лицевую сторону?

Да. Скрижали равнозначны как бы.

/16/ А СКРИЖАЛИ ТЕ БЫЛИ СОЗДАНИЕМ САМОГО ВСЕСИЛЬНОГО, И ПИСЬМЕНА НА НИХ БЫЛИ ПИСЬМЕНАМИ ВСЕСИЛЬНОГО – ВЫРЕЗАННЫМИ НА СКРИЖАЛЯХ. /17/ И УСЛЫШАЛ ЙЕОШУА ШУМ ВОЗБУЖДЕННОЙ ТОЛПЫ, И СКАЗАЛ МОШЕ: «ШУМ БИТВЫ В СТАНЕ!» /18/ И ОТВЕТИЛ ЕМУ МОШЕ: «НЕ КЛИЧ ПОБЕДИТЕЛЕЙ И НЕ КРИК ПОБЕЖДЕННЫХ – КРИКИ ВОСТОРГА Я СЛЫШУ».

Просто Шекспир: «Крики восторга я слышу». Моше идет на работу, на уничтожение.

Да, Моше думал, что будет борьба между ними и в них, а получилось полнейшее единогласие. Такое согласие, что и Аарон вместе с ними, и все они вместе.

Моше – один-единственный против всех остальных. Но нужно было проявить такое состояние, чтоб выразить его.

Откуда появился Йеошуа? Не было, и вдруг появляется в человеке свойство «Йеошуа», которое говорит с Моше.

Рядом с Моше появляется вспомогательная часть, типа поручитель, адъютант, помощник, служка. Он предан Моше абсолютной полной преданностью.

Полностью отменил себя перед Моше?

Нет его. Голова – это Моше, а тело и еще какие-то дополнительные, исполнительные функции – это Йеошуа.

Это то же состояние, Вы сказали, как писатель (софер), – тот, кто отменил себя полностью перед Диктующим?

Да, конечно. Это высокая ступень. Йеошуа – не просто без головы, он каждый раз должен отменять себя перед тем, что идет на него со стороны Моше.

То, что приходит к нему со стороны Моше, абсолютно противоположно его пониманию и знанию, уверенности и вообще мировоззрению. А он должен это принять и выполнять.

Голова Йеошуа противоречит тому, что делают его руки. Но поскольку он выполняет руками желания Моше, то его голова при этом так же перестраивается, то есть происходит перепрограммирование головы.

Идет снизу вверх, от тела исправляется. Как сказано: «*Ахорей маасим нимшахим а-левавот*», – за действиями идут сердца, за сердцами идут мысли.

Поэтому и сказано: «*Наасэ вэ-нишма*» – сделаем и будем слышать. И поймем.

За действием может прийти намерение?

Да. Такой наш путь. Мы должны отменить себя относительно следующей ступени и делать все так, как она нам диктует. Тогда мы начнем ее понимать. Это постоянный принцип нашего подъема.

СТРАНА БЕЗ ТВОРЦА

/19/ И БЫЛО: КОГДА ОН ПРИБЛИЗИЛСЯ К СТАНУ И УВИДЕЛ ТЕЛЬЦА И ПЛЯСКИ ВОКРУГ НЕГО, ВОСПЫЛАЛ ГНЕВ МОШЕ, И БРОСИЛ ОН СКРИЖАЛИ, КОТОРЫЕ НЕС В РУКАХ, И РАЗБИЛ ИХ О ПОДНОЖИЕ ГОРЫ. /20/ И ВЗЯЛ ОН ТЕЛЬЦА, КОТОРОГО ОНИ СДЕЛАЛИ, И ПЕРЕЖЕГ ЕГО В ОГНЕ, И РАСТЕР ЕГО В ПРАХ, И РАССЕЯЛ ПРАХ ПО ВОДЕ, И ЗАСТАВИЛ СЫНОВ ИЗРАИЛЯ ПИТЬ ЭТУ ВОДУ.

Идет тотальный развал: сжег, растер, рассеял, заставил пить. Что это такое? Нарушен главный закон, то есть создан как бы другой бог.

Да. Это то же, что и Фараон. Только сейчас он создан еще и с полного одобрения Аарона, с признанием, с пониманием того, что действительно надо так, а не иначе.

Были они в Египте, вошли туда еще с Яаковом, с сыновьями Яакова. И поэтому понимали Египет, как не свой дом, и считали себя в рабстве, хотя жили прекрасно. Считали, что это – не наше.

Сейчас, когда они сами сделали тельца, то это тот же Египет. Но он у них уже желателен, они желают развиваться именно так. Построить сегодня нашу прекрасную страну по египетскому образцу.

То есть построим страну без Творца?

Нет, этот телец и будет Творцом. Поэтому любые изображения, которые ставят перед собой люди, группы людей или цивилизации, – это и есть олицетворение того же тельца. В конкретном материальном виде ты делаешь себе того, кому будешь поклоняться.

Это абсолютно противоположно основам мировоззрения каббалы. Но, как бы то ни было, в нашем мире все эти атрибуты существуют во всех религиях и верованиях. Человек должен за что-то держаться, что-то должно быть святое, как соска, как игрушка для ребенка.

Для простого человека невозможно, если нет ничего, если совершенно все находится вне материи. Ему надо дать какие-то образы, надо что-то сделать, чтобы он мог за это держаться. Поэтому была очень большая борьба, строить или нет материальный храм в нашем мире.

Нужен царь или нет? Зачем должен быть царь? Царь – это единственная власть. И олицетворение высшего управления одно. Зачем нам это все надо?

Здесь существует очень тонкая реализация устройства общества. Оно все должно быть устремлено вверх, а внизу – только лишь реализация, только действия. Все остальное должно быть в намерении.

Попробуй постоянно разделять это так, чтобы все духовное у тебя было в воздухе, не материализовывалось ни в каком материальном облачении. А все материальное чтобы существовало только в действиях, которые направлены друг к другу.

Остается тогда что? Положительное влияние друг на друга до полного проявления любви и связи. Когда ты это делаешь, то внутри строишь храм и внутри этого храма обнаруживаешь Творца.

И внешний Он тебе совсем не нужен?

Да. Только сейчас, после всех исторических ступеней, которые мы прошли, постепенно мы, может быть, сможем начать объяснять людям, как отвязаться от сегодняшних, внешних атрибутов.

Ничего нет, даже и тела нет. Есть только желание, которое должно соединить внутреннюю часть тебя и внутреннюю часть их на нейтральной полосе. Между собой, внутри своего объединения вместе надо обнаружить новое свойство, новое желание: именно духовное желание, называемое Адамом. В нем найти силу, которая его создала и оживляет, – это Творец.

Все это огромный процесс внутреннего созревания человека.

Храмы, которые были построены, – можно сказать, что это и есть спуск Моше вниз? Надо что-то дать народу?

Надо дать организацию: деление на тысячи, сотни, десятки. Определить, что должен делать каждый. И символы, о которых говорит Тора: флаги, знамена, скиния завета, шатер откровения и все прочее – все держать постоянно в духе, а не в материальном воплощении.

Как это все поддерживать? Для этого нужно сплочение. С одной стороны, сплочение держит тебя. С другой стороны, ты держишь сплочение.

Написано, что ковчег несут. Он тяжелый должен быть в своем материальном воплощении. И далее говорится, что ковчег несет тех, кто его несет.

Каждый поддерживает каждого в стремлении, чтобы все находилось в духовном состоянии?

Да. Именно для того и существует вся связь, и каждый заботится друг о друге именно в этом.

Глава «Когда будешь вести счет»

Римляне считали, что евреи прячут в своем Храме ослиную голову из чистого золота и поклоняются ей. «Что они в ней прячут?» – говорили они. И потом, когда римская армия, во главе ее стоял Тит, сжигала Храм, то страшно им было. Боялись они этого Бога, который находится в иудейском Храме.

Потом, перед смертью, страшные головные боли были у Тита, и он говорил: «Это месть Бога ... слышу я шумы, это все за то, что я сжег Храм».

Все это материальные воплощения серьезных антидуховных сил. Но вообще ничего там нет. А что может быть в этом ящике?

То же самое, когда в пирамидах пытаются что-то искать.

Но нельзя, чтобы дух поклонения материальному держал народ, потому что это духовно развращает его. Позволяет ему строить всевозможные антидуховные конструкции. Люди начинают создавать мир нечистых объектов – мир, в котором духовное находится в материальном воплощении. Это и есть золотой телец.

Поэтому Тора пишет об этом. Моше призывает левитов, чтобы они встали, убили народ, зарезали, сожгли ...

Каждого пятого и десятого.

Это все для того, чтобы искоренить из каждого естественное наше свойство – желание к пониманию, к осязанию, к тому, чтобы держать что-то в руках.

ТОЧКА ЛЮБВИ В КАЖДОМ

К постоянному поиску тельца во всем?

Да. Но оторваться от духовного на самом деле нельзя.

Доходишь до точки разрыва, и там ты должен быть готовым к полному разрыву, то есть к абсолютно полному забвению. Как будто готов полностью потерять рассудок. И начиная с этой секунды и далее ты не будешь себя знать, понимать – ничего.

Немного похоже на деменцию, на старческое слабоумие, когда полностью отключается человек и не знает, где он, что он, ничего не понимает. Тело функционирует самостоятельно, а разум куда-то улетел. К этому надо быть готовым.

Вот тогда ты начинаешь обретать следующую ступень.

Здесь у тебя возникает страх? Я не знаю, что со мной произойдет. Но все равно иду туда…

Ты ни на что не можешь облокотиться. И на Творца тоже. А иначе как? Если облокачиваешься, значит, Он имеет какую-то форму в тебе.

В душе человека заложен такой порыв, и он должен его найти. Порыв не эгоистический, как жертвования или желание отвлечься от прошлого, чтобы стало легче, чтобы отказаться от страданий или просто слиться с чем-то.

Здесь у тебя ничего нет, не на что опереться – только вверх. Проявляется особое свойство души. Такое очень тонкое игольное ушко…

Точка любви находится в каждом человеке – можно так сказать? Здесь она и начинает проявляться?

Да, иначе к нему не было бы возможности обращаться. Иначе это животное, которому ты можешь сказать только одно: «Двигайся за мной, потому что так тебе будет хорошо». И десять тысяч голов идут за одним пастухом.

Но не в этом заключается программа творения. Надо каждого довести до состояния подобия Творцу, и тогда все вместе они образуют единый образ Адама.

Это происходит, потому что в каждом человеке есть частичка Творца?

Да, еще в результате разбиения.

Растер Моше этого тельца, заставил их выпить этот порошок, чтобы они почувствовали, что это такое.

Я бы уподобил это тому, как принимают противоядие – маленькую частичку яда.

Каждое лекарство – яд, но не каждый яд – лекарство. Медицина явно показывает, что змея надо правильно принять в виде лекарства. Тогда ты будешь здоров. То же самое здесь.

Моше сделал это в таком виде, что для них яд является уже лекарством, оздоровлением. Ведь каждое лекарство содержит в себе ту же болезнь, против которой оно создано, только в обратном виде. Особенно отчетливо это проявляется в гомеопатии или в прививках.

Мысль Моше – не уничтожить их, а оздоровить?

Сделать им прививку от золотого тельца. Растереть золотого тельца, чтобы он потерял свой облик. Но чтобы его оторванная от облика, неовеществленная, неоформленная сила в своем идеалистическом виде находилась в каждом.

Вы сейчас упомянули слово «лекарство», и это совершенно точно соответствует: растереть, смешать, растворить и дать принять. Берешь отрицательное – яд, и делаешь таблетку.

Дать принять каждому правильную микродозу.

Теперь скажи, возможно ли такое сделать без тельца?! Принять эту дозу?

Не получается. Должна быть змея. И яд должен быть. И должны знать, что от этого умирают...

И знать, что таким образом вылечиваются.

Мы видим на этих примерах, что нет никакого наказания – есть излечение.

Не бойтесь золотых тельцов. Придет время, проявится сила, возможность, готовность растереть все это и начинать правильный путь, выздоровление. Путь не мгновенного излечения. От любой болезни мы должны лечиться постепенно, тем более от этой.

Мы должны осознавать, где находимся, к чему идем, в чем заключается процесс излечения и, самое главное, что значит быть здоровым.

Это и есть процесс воспитания?

Да, это и есть процесс интегрального воспитания. Мы должны давать людям понемножку. В тельце они уже находятся. Одна часть дела сделана. Теперь – разбить его, растереть.

В них уже есть неуверенность в этом тельце. Он начинает их давить.

Да, конечно. Помочь им разбить, растереть его. В каждом есть точка Моше. Принять тельца, как антидозу: в том микроколичестве, которое необходимо для нормального, рационального земного существования, и не больше. А дальше – вперед через пустыню к земле обетованной!

За Моше. Дальше следуют драматические ситуации и выходы из них. Продолжается наше излечение.

Золотой телец превратился в лекарство в момент разбиения сосудов. Его растерли и дали народу, – это было лекарством для людей, средством выздоровления.

Таким образом противоположные свойства отдачи и получения проникли друг в друга. Сейчас народ уже готов к переходу через пустыню Синай в Землю обетованную.

ЖЕНЩИНА И ЕЕ УКРАШЕНИЯ

Моше спустился с горы, пришел к Аарону и говорит:

/21/ И СКАЗАЛ МОШЕ ААРОНУ: «ЧЕМ ТАК ПРОВИНИЛСЯ ПЕРЕД ТОБОЙ НАРОД ЭТОТ, ЧТО ТЫ ВВЕЛ ЕГО В СТРАШНЫЙ ГРЕХ?» /22/ И ОТВЕТИЛ ААРОН: «ПУСТЬ НЕ ГНЕВАЕТСЯ ГОСПОДИН МОЙ – ТЫ ЖЕ ЗНАЕШЬ ЭТОТ НАРОД: ЧТО ОН ПОГРЯЗ ВО ЗЛЕ. /23/ ОНИ ПОТРЕБОВАЛИ ОТ МЕНЯ: ДАЙ НАМ БОЖЕСТВО, КОТОРОЕ ПОЙДЕТ ПЕРЕД НАМИ, ПОТОМУ ЧТО ЭТОТ ЧЕЛОВЕК, МОШЕ, КОТОРЫЙ ВЫВЕЛ НАС ИЗ СТРАНЫ ЕГИПЕТСКОЙ, – ПРОПАЛ И НЕ ЗНАЕМ МЫ, ЧТО СТАЛОСЬ С НИМ. /24/ И СКАЗАЛ Я ИМ: У КОГО ЕСТЬ ЗОЛОТО? – И СНЯЛИ ОНИ ЕГО С СЕБЯ, И ОТДАЛИ МНЕ, И БРОСИЛ Я ЕГО В ОГОНЬ, И ПОЛУЧИЛСЯ ЭТОТ ТЕЛЕЦ».

Сам по себе получился. В чистом, натуральном виде стопроцентное золото сформировалось в тельца.

Аарон обвиняет народ: «Они потребовали от меня». Они ввели его в этот грех, а ведь он первосвященник.

Нет, Аарон еще не первосвященник, не предводитель, он исполнитель. Моше ведет вперед, а Аарон реализует задуманное в народе.

Когда Моше исчезает, Аарон сразу становится таким же, как этот народ?

Да, он обязан подчиниться народу. Когда Моше с ним, Моше указывает и Аарон реализует. Если Моше нет, то все делается согласно свойству малхут, а не свойству бины, которую олицетворяет Моше.

Аарон рассказал все правильно. Они потребовали от него решения – «сделай нам». Но он не хочет участвовать в изготовлении тельца. Что значит, что он собрал, причем с женщин, их украшения? Что такое женщина с ее украшениями? Это малхут. И во что превращаются украшения?

Они готовы сделать из себя святую работу, работу на отдачу – это называется женское украшение эгоизма. Они готовы пожертвовать, распрощаться со всеми украшениями, то есть не работать на отдачу, потому что потеряли всякую основу. Человек теряет связь с Творцом.

Человек не знает, что делать. Ему надо ухватиться за что-то. Так маленький ребенок держится за свою любимую игрушку – она для него является якорем. Он должен за что-то держаться, тогда чувствует себя уверенным.

Здесь тоже самое. Совершенно естественно, что они падают в эгоизм. Это заранее предусмотрено и понятно, что так произойдет.

То, что служило украшением для женщины, было украшением отдачи, любви. Она была красива.

Она олицетворяла собой устремление нашего эгоизма. Женщина – это наш эгоизм. Она устремлялась к отдаче и любови к ближнему. Но все перевернулось наоборот – из этого сделали тельца.

Тут и есть прямое и обратное свойство: альтруизм и эгоизм, Творец или Фараон, – что одно и то же.

Пойдем дальше.

/25/ И УВИДЕЛ МОШЕ НАРОД – КАК ОН РАСПУЩЕН, ПОТОМУ ЧТО РАСПУСТИЛ ЕГО ААРОН НА ПОСМЕШИЩЕ ВРАГАМ ЕГО, /26/ И ВСТАЛ МОШЕ В ВОРОТАХ СТАНА, И КРИКНУЛ: «КТО ЗА БОГА – КО МНЕ!» И СОБРАЛИСЬ ВОКРУГ НЕГО ВСЕ ЛЕВИТЫ.

Известная фраза. С помощью этой фразы творились самые страшные вещи в мире.

С помощью этой фразы можно многих убить.

/26/ ...И СОБРАЛИСЬ ВОКРУГ НЕГО ВСЕ ЛЕВИТЫ. /27/ И ОН ОБРАТИЛСЯ К НИМ: «ТАК СКАЗАЛ БОГ, ВСЕСИЛЬНЫЙ ИЗРАИЛЯ: ПУСТЬ КАЖДЫЙ ИЗ ВАС ОПОЯШЕТСЯ СВОИМ МЕЧОМ, ПРОЙДИТЕ ВЕСЬ СТАН ТУДА И ОБРАТНО, ОТ ВОРОТ И ДО ВОРОТ – И ПУСТЬ КАЖДЫЙ УБЬЕТ БРАТА СВОЕГО, И ДРУГА СВОЕГО, И БЛИЗКОГО СВОЕГО!»

Самых ближних убить...

Сейчас ты должен непременно расстаться с самыми дорогими тебе твоими свойствами, привычками, чаяниями, с самыми близкими телу воспоминаниями, с которыми ты живешь, с твоими желаниями. Все, в чем ты существуешь, сейчас и навсегда закрыть, сократить в себе. А все остальные свойства будешь потом постепенно исправлять.

Это называется – убить ближнего?

Да, это называется – убить ближнего в себе. Все, что тебе дорого, все, к чему ты привык, все, что является основой твоей жизни, мировоззрения – абсолютно все убить.

А этот клич: «Кто за Бога – ко мне!» И пришли левиты...

Левиты – за чистую отдачу. Сейчас должны выделиться только такие люди, или, если мы говорим о внутренней части Торы, только такие свойства в человеке, которые называются левиты.

Почему левиты участвовали в создании тельца?

Потому что не было Моше. Моше – это свойство, это свечение высшего света на малхут. Когда это происходит, тогда из малхут поднимаются вверх вкрапленные в нее свойства отдачи, то есть левиты приближаются к Моше. Если этого свойства нет, тогда они находятся под властью малхут, под властью эгоизма.

Моше, как магнит, к которому притягиваются те, кто обладает соответствующими свойствами. Он как лакмусовая бумажка?

Да. У них нет своего выбора. Ни у кого. Тут говорится только о том, что Моше управляет народом через них.

Аарон, коэны, *левиты* – лишь адапторы, соединяющие Моше и народ.

Если бы так объяснялось людям, то, возможно, и не было бы большой крови в мире? Народ начал бы понимать эти свойства...

Люди не хотели и не хотят понимать. И кроме того, это трудно воспринимается человеком: зачем мне делить себя на огромное количество частей, разбираться в себе. Самокопание мне ни к чему. Выпил рюмку водки – и все хорошо.

УБИТЬ ВСЕХ СВОИХ БЛИЗКИХ?

/28/ И СДЕЛАЛИ ЛЕВИТЫ, КАК ПОВЕЛЕЛ МОШЕ, И ПАЛО В ТОТ ДЕНЬ ИЗ НАРОДА ОКОЛО ТРЕХ ТЫСЯЧ ЧЕЛОВЕК. /29/ И СКАЗАЛ МОШЕ: «СЕГОДНЯ ПОСВЯТИЛИСЬ ВЫ ДЛЯ СЛУЖЕНИЯ БОГУ, ПОТОМУ ЧТО КАЖДЫЙ ИЗ ВАС ПОКАЗАЛ СВОЮ ГОТОВНОСТЬ УБИТЬ СОБСТВЕННОГО СЫНА И СОБСТВЕННОГО БРАТА ПО ПРИКАЗУ ЕГО, ЗАСЛУЖИЛИ ВЫ СЕГОДНЯ БЛАГОСЛОВЕНИЕ!»

Все эгоистические желания, какими бы близкими они мне ни были, я сейчас аннулирую. Остаюсь, быть может, не только ни с чем, но и сам себя аннулирую.

То есть я иду за Моше. Я их аннулирую потому, что Моше сейчас здесь. Основа все-таки есть, есть куда ногу поставить, – существует Моше.

Да. Однако и тут ты плывешь по воздуху. *Тут нет основы.*

Есть Моше, я ощущаю его, – он же вернулся. Есть у меня желание.

Но Моше действует совершенно не так, как я. Он живет в воздухе, он существует в каком-то другом пространстве.

Моше – свойство, которое поднимает меня над нормальной, реальной жизнью и говорит: эту нормальную, реальную жизнь ты должен переделать. Оставь в ней все реальное, но оно должно работать на духовное, на отдачу, ради других.

И ты должен убить всех своих близких?

Ты должен существовать только ради других. Если можно было бы сделать это одним махом, то многие бы согласились. Вдруг и правда, что-то тут есть? Все равно, в нашей-то жизни ничего хорошего нет.

Но на самом деле это постоянная систематическая борьба, анализ, выделение всех эгоистических зерен, которые надо перемалывать, переделывать. Огромная, кропотливая, очень болезненная работа.

Ты постоянно меняешься, и все это происходит в тебе, как в мельнице. Это не просто – постоянно находиться между жерновами.

Падения и подъемы. Это самая сложная наша работа.

Причем ты сам должен поместить себя между этими камнями, трущими по живому мясу, сам крутить и восхвалять.

Но это необходимо, чтобы правильно настроиться. Как только правильно настраиваешься, это превращается в высшее наслаждение. И как только чуть-чуть отклонишься, испытываешь ужасное страдание.

Правильно, что это настройка на Моше?

Да, на отдачу и любовь. Если ты отключаешься от себя, то сразу начинаешь ощущать, действительно, высшее состояние, а если нет, то сразу падаешь в себя.

Но если бы это было так просто! Ведь хорошо иметь четкий индикатор. Но все не так легко сделать, потому что это затушевывается на уровне ощущения, на уровне сознания, на уровне анализа прошлого, будущего, настоящего. Где ты – ради себя или ради других? Тут постоянная затуманенность – это и есть внутренняя работа человека.

Вы когда-то говорили, что это не как в тяжелой атлетике: поднял и получил медаль. Это марафонская дистанция. Есть какое-то упражнение, как настраиваться на Моше? Есть какой-то практический совет?

Только в группе – ничего другого нет.

Вы говорите: «Отключиться от себя». Объясните этот момент.

Все возможно только в правильном окружении. Это действительно наше спасение. Мы не представляем себе, насколько это уникальная, особенная, эффективная помощь, данная нам для настройки. Это такой камертон, через который ты можешь настраивать любую струну души, любое свойство, без чего невозможно настроиться.

Благодаря разбиению, у нас на земле во всех разбившихся частях есть свойство отдачи, погруженное внутрь. Свыше дается людям возбуждение к свойству отдачи, и они готовы прийти, начать работать с ним. Они готовы соединиться.

Готовность соединяться делает из их сообщества духовное объединение на земле. Духовное соединение, духовный механизм, внутри которого каждый желающий может очистить себя, укрепить в правильном направлении.

Но сообщество должно постоянно укреплять и себя: анализировать, выискивать, что можно улучшить. Это постоянная групповая работа, когда все работают на группу. Каждый в группе не работает в себе, это будет потом, а работает в соединении с другими: все – на всех. Это коллектив.

Когда каждый заменяется одним-единым, тогда единое свойство отдачи и любви взаимное. Внутри него пропадают, поглощаются все. Эта одна огромная единица, составленная из многих, является очищающей силой, потому что через нее проходит высший свет.

Естественно, в ней нет ничего. Но Творец находится с ней в подобии. Наличие Творца, Его неявное, а затем и явное присутствие, Его сила проходит через систему, называемую группой.

И тогда через эту группу можно воздействовать на других людей. Представители группы, являясь носителями силы всей группы, идут в народ. И работают со всеми людьми.

ШЕСТЬ ВИДОВ НАСЛАЖДЕНИЙ

В народе они ищут частички Моше? В каждом человеке?

Они просто работают над соединением: «Кто к нам?» Так же, как тут говорится. Но не говорится в явном виде «ради Творца», потому что народ находится в состоянии слишком далеком от Него.

Вся проблема только в том, чтобы обслужить людей раньше, чем они сами зароют себя в землю.

Если мы говорим не о внутреннем изменении человека, а о внешнем, то, что мы должны принести человечеству? Конечно, ничего народ не будет слушать, кроме удовлетворения своих эгоистических целей. Пища, секс, дом, богатство, власть, знания и все прочее, что включается в шесть основных видов наслаждений, эгоистических наполнений.

Нужно прийти к народу как можно раньше, прежде чем люди ополчаться друг на друга. Происходящее сегодня – это целенаправленное продавливание мира к хаосу. Специально устроено для того, чтобы в нем, в управляемом хаосе, мир затерялся. И это, мы видим, постепенно работает.

Нам надо идти другим путем, ведь мы исходим из свойства отдачи и любви. Не ждать, пока мир увидит, к какому разрушительному состоянию он пришел.

Как же все время держать Творца, свойство любви и отдачи? Чтобы объединение было не ради объединения?

Невозможно. Только при одном условии: если есть давление группы на каждого ее члена.

Каждый добавляет друг другу. Не сопротивляется, а добавляет?

Каждый не добавляет друг другу. Все работают на общую связку. И общая связка держит всех. Только так. Никто не работает ни на кого. А все – именно на объединение, чтобы в нем раскрыть Творца.

Все идет по цепочке: Исраэль, свет – Тора – и Творец. Группа является лишь оболочкой, в которой раскрывается высшая сила.

Пойдем дальше.

/30/ И БЫЛО НАЗАВТРА, И СКАЗАЛ МОШЕ НАРОДУ: «СОВЕРШИЛИ ВЫ СТРАШНЫЙ ГРЕХ, ТЕПЕРЬ ПОДНИМУСЬ Я К БОГУ – МОЖЕТ БЫТЬ, ИСКУПЛЮ Я ГРЕХ ВАШ». /31/ И ВЕРНУЛСЯ МОШЕ К БОГУ, И СКАЗАЛ: «СОВЕРШИЛ ЭТОТ НАРОД СТРАШНЫЙ ГРЕХ, И СДЕЛАЛИ ОНИ СЕБЕ ЗОЛОТОГО ИДОЛА; /32/ И ПОТОМУ,

ПРОСТИШЬ ЛИ ИХ? И ЕСЛИ НЕТ – ТО, ПРОШУ ТЕБЯ, – СОТРИ И МЕНЯ ИЗ КНИГИ ТВОЕЙ, КОТОРУЮ ТЫ НАПИСАЛ!»

Это поступок – подняться, ощутить это свойство, понять, что это – вечность…

Иначе это свойство в человеке ни к чему не ведет.

Как можно отказаться от вечности?

Ты ее не оцениваешь, если находишься в свойстве Моше. Я не преуменьшаю свойство Моше. Когда ты находишься на этом уровне, то само свойство диктует тебе, что делать.

Находясь в свойстве отдачи, ты не можешь по-другому видеть себя, свое существование, свою реализацию. Если реализации нет, значит, и тебя нет.

Он может находиться там, в святая святых, с Творцом, находиться в свойстве отдачи и любви, но он просит опустить его обратно, стереть из Книги жизни, уничтожить.

Это похоже на то, как Бааль Сулам просил спустить его с этой высоты, чтобы он мог написать все, что надо людям для реализации сегодняшнего исправления.

Это не называется сопротивлением? Он не сопротивляется?

Нет, здесь нет никакого сопротивления. Нам кажется, что есть восстание: Моше – против Творца, что он стоит против Него, защищается.

Во-первых, это внутреннее свойство человека. Не стоит человек против Творца. Все находится внутри нас.

Надо правильно это воспринимать. Нельзя представлять голливудские картины.

Во-вторых, человек, ощущающий в себе свойство Моше, не может ответить по-другому. Оно его обязывает. Мы всегда исходим из того, кто мы и какие свойства в нас существуют, функционируют, управляют, говорят нами.

Значит, любая учеба, которая идет к свету, к соединению, должна, в результате, привести к тому, что ее целью становится: распространить, отдать, вывести?

Только так! Все на отдачу. Ты вообще не существуешь, ты только в других. И в других ты существуешь только для того, чтобы они существовали. Этот полный отрыв и предполагает свойство бины.

ПЕРЕГОРЕВШИЕ ЛАМПОЧКИ

Почему же всегда существовали группы каббалистов, которые умышленно скрывали свои занятия каббалой и внутренней частью Торы, это они довели мир до сегодняшнего состояния?

Перед кем можно было раскрывать каббалу?! Ведь тогда еще не закончился период смешивания желаний, свойств отдачи и получения.

Эгоистические и альтруистические свойства не перемешались. Они перемешиваются после разбиения храма. Говоря языком истории, если ты хочешь сопоставить, должно пройти две тысячи лет. Полный цикл.

Прошли две тысячи лет.

Прошли две тысячи лет. Допустим. Быстрее, медленнее, потому что из-за таких больших трагедий, как Катастрофа, происходит сокращение времени. Были и еще не меньшие катастрофы в прошлом.

Когда закончилось смешивание, человечество начало ощущать мир глобальным. Почему? Потому что прекратилось перемешивание. После его завершения весь мир начал структурироваться по-новому.

Новая структура мира проявляет свою глобальность. Раньше этого не было.

Глобальность проявляется от природы, а не от человечества. Мы говорим: человечество взаимосвязано, но оно связано очень слабо, оно связано через природу.

Природа управляет нами глобально. Не мы существуем в ней, как глобальные. Мы существуем подобно мячику внутри большой сферы.

Эта сфера действует на нас глобально. А мы сами очень плохо ощущаем глобальность, она нам не нужна, все это нам ни к чему. Эгоизм руководит нами, поэтому мы не представляем, не можем никак с этим работать.

Перемешивание происходило в течение всей истории, отсюда и эволюция в человеческом обществе. На других уровнях ее нет.

Когда закончилось перемешивание всех сосудов, всех инструментов, началось структурирование. Эта структура пришла в себя, собралась вместе, и сейчас мы начинаем ощущать наше внутреннее противостояние, противостояние внутреннего мячика большой сфере.

Сфера структурируется все больше и больше, сейчас она связывается на уровне «человек». Раньше она структурировалась на неживом, растительном, животном уровне, а сейчас на уровне человека.

Глава «Когда будешь вести счет»

Мы начинаем противопоставлять ей наше эгоистическое, постиндустриальное развитие. Когда мы еще развивались, это было нам на пользу, максимум до середины XX века. И то, уже тогда начали производить такие электрические лампочки, которые быстрее перегорают, чтобы вынудить делать новые покупки.

Где-то с этого времени человечество начало себя не просто насыщать, а перенасыщать, причем совершенно не эффективно. Для чего ему это? Никому и ничего это не даст.

Ты накопил миллиард долларов. Они будут у тебя лежать, куда-то уйдут, будут болтаться по миру, как ненужный балласт. А ты, чтобы их получить, испортил миллионы, миллиарды тонн чего-то в природе. Ты нарушил ее баланс. Что же делать?

С этого времени и начинается мировой кризис – противопоставление человечества окружающему миру, окружающей системе управления. С этого момента мы должны начать серьезно исправлять себя.

Каббалисты только начинают раскрывать эту науку. С конца XIX века идет этот процесс, хотя начало ему положено значительно раньше: со времен АРИ в XVI веке, РАМХАЛя, Бааль Шем Това – это уже XVI–XVII век. Но реально раскрытие воплощается только сейчас.

Мы начинаем, закладываем основы. Это будет, я не хочу сказать Тора, но инструкция, методика исправления, практическое применение Торы в нашем мире. Это то, что мы сегодня пишем на собственной жизни.

Болезнь проявилась сейчас. До того, как она не проявлялась, лекарство не могло работать?

Конечно, нет! Еще и сегодня не проявились симптомы. Мы, как врач, приходим к больному и пытаемся объяснить, что есть лекарство. А он пока желает быть в этом дурмане: человек не может сразу отказаться от наркотика.

/33/ И СКАЗАЛ БОГ, ОБРАЩАЯСЬ К МОШЕ: «ТОГО, КТО СОГРЕШИЛ ПРЕДО МНОЙ, СОТРУ Я ИЗ КНИГИ МОЕЙ. /34/ А ТЕПЕРЬ ИДИ, ВЕДИ ЭТОТ НАРОД ТУДА, КУДА Я УКАЗАЛ ТЕБЕ; ВОТ АНГЕЛ МОЙ ПОЙДЕТ ПЕРЕД ТОБОЮ, А В ТОТ ДЕНЬ, КОГДА Я ПОЖЕЛАЮ ВСПОМНИТЬ, – ПРИПОМНЮ Я ИМ ЭТОТ ГРЕХ». /35/ И ПОРАЗИЛ БОГ МОРОМ НАРОД ЗА ТО, ЧТО СОЗДАЛИ ОНИ ТЕЛЬЦА, КОТОРОГО ЗАСТАВИЛИ СДЕЛАТЬ ААРОНА.

Очень хорошо. Здесь произошло новое исправление светом, явлением Творца. Свет светит на все эгоистические уровни нашего эгоизма: нулевой, первый, второй, третий, четвертый. Он проявляет, какой из них ближе, какой дальше, производится их сортировка.

Есть уровни, которые оседают вниз, на мертвый уровень, есть те, которые приподнимаются повыше. Теперь становится яснее, что является шагом вперед, понятнее, к чему необходимо стремиться и как дальше продвигаться.

Начинается анализ, понимание, из чего ты состоишь относительно Творца. Когда четвертый, третий, второй, первый и нулевой уровни четко в тебе расположены, они ориентируют тебя на свойство отдачи.

Ты не видишь свойство отдачи. Ты не видишь Творца. Но они в тебе находятся в таком состоянии и в таком соответствии между собой, что показывают, проявляют тебе этот вектор. И ты можешь идти вперед.

Ты так двигаешься?

Только из себя, ничего впереди никогда нет. Именно настраиваясь таким образом, что ближе к Творцу из того, что есть во мне, и что дальше? Ты поворачиваешь нос в нужном направлении и идешь.

Вы сейчас сказали фразу: впереди ничего нет.

Нет ничего впереди. Свойство Творца? Откуда?

Вы говорите, настраивать вектор на Творца. Все-таки настраиваешь – на что?

Ты настраиваешь себя. Внутри. На то свойство, которое в тебе светит немножко. Ты ориентируешься и поворачиваешься в правильную сторону во взаимодействии твоих внутренних свойств с этим свечением, когда ты выстраиваешь их по ранжиру: ближе и дальше. Где оно на самом деле, что это такое чистое свойство отдачи?

Но ты же ощущаешь счастье при обнаружении этого свойства? Ты на него ориентируешься?

Это счастье ты ощущаешь не в том виде, как сегодня себе представляешь.

СЕКС, АГРЕССИЯ, НАРКОТИКИ

В отрывке, который я прочитал, есть одно не выясненное место:

«ПРИПОМНЮ Я ИМ ЭТОТ ГРЕХ».

Это «припомню» висит над народом?

Висит не снаружи, а внутри. Люди еще не исправлены. Но поднимутся снизу, изнутри эгоизма самые тяжелые эгоистические свойства, в которых находятся самые сильные искры. Ведь, когда происходит получение ради себя, то самые эгоистические свойства притягивают самый большой свет, самое большое наслаждение. И остается запись.

Потом придет самое большое исправление?

Да. В будущем нам придется попотеть.

Исполнится угроза: «Когда Я захочу – Я припомню»?

Да, да, конечно. Это самое главное условие, имеющее отношение к нашему времени, к началу периода последнего поколения, то есть поколения исправления.

Проявляются страшнейшие, самые уродливые эгоистические свойства. Причем человечество будет оправдывать и воспринимать их совершенно естественно. Оно не поймет, почему и что необходимо исправлять, зачем и для чего?!

Будет очень трудно осознавать, что именно нам мешает. Конечно, это проблема, которая выяснится в дальнейшем.

Судя по обещанному нам, грядут серьезные трагедии?

Да, будут серьезные трагедии. Очень серьезные! Человечество окунется в бесконечный хаос, в совершенно неоправданные войны, страдания. И все, что угодно, будет считаться нормой.

Это проявление эгоизма в последней стадии?

Проявление эгоизма в той стадии, в которой ты находишься. Ты кушаешь другого человека на завтрак, на обед и ужин, в полном смысле этого слова. Или фигурально, или натурально. И никаких проблем, ведь каждый относится друг к другу, как динозавр.

Но мы можем приблизиться к этому периоду с осознанием своей природы. Если мы будем светить на нее высшим светом в соответствии с происходящим, то тогда ощутим зло нашей природы и начнем исправлять его. Ведь нам станет невыносимо существовать в этих свойствах.

Если не будем светить высшим светом, то мы не ощутим зло и продолжим закусывать друг другом.

Закусывать друг другом? Не понимая, что это зло?

Вот именно! Человечество будет абсолютно спокойно существовать. Проявление ужасных свойств будут наивно считать нормой так же, как мы воспринимаем сегодняшний мир.

Если бы 50 лет назад ты показал людям то, что сегодня видим по телевидению, они ужаснулись бы. Это же ужас! Поведение в школе четырнадцати-пятнадцатилетних подростков: сигареты, секс, агрессия, алкоголь, наркотики. Дети не ходят в школу – обычное явление.

Раньше, допустим, в пятидесятые годы прошлого века, такое было бы невозможно! Никто в те времена не поверил бы, что мы к этому скатимся. Где прогресс?! Где культура, развивающееся человечество?!

Сегодня ты смотришь на это и говоришь: «Ну, и что ты сделаешь? Все нормально». Даже если у тебя дети, так сказать, нормальные по старым стандартам, то сегодня они не нормальные, и им стыдно: «Почему мы не такие, как все?»

После Первой мировой войны была создана Лига Наций, а после Второй мировой войны – Организация

Объединенных Наций (ООН). Происходило внешнее объединение мира, создавался какой-то общий орган.

Эти организации возникли, как следствие огромных переживаний, из желания быстро сколотить блоки и обезопасить себя. Здесь много расчетов и нет ничего романтического или идеалистического. Это ясно. Но ни один даже самый жесткий, прагматичный и черствый политик не представлял себе такого общества, как сегодня.

Если сейчас гибнет 1000 человек за 10 минут…

Нет, это не кажется страшным, сегодня это все выглядит абсолютно нормально.

Но достигнуть этой цели хотят не войной, а точечными конфликтами, где каждая страна воюет на своей территории, внутри. Так, как американцы хотели сделать в Израиле пару лет назад.

Мне, как сценаристу, интересно: неужели сидит холодный сценарист и строит планы… Как это происходит?

Эти серьезные люди понимают, что есть ограниченное количество ресурсов, средств и что мир находится в определенном состоянии.

«Человечество перерабатывает, просто пережигает в себе все, чем богата планета Земля. Такого не должно быть! Мы должны видеть мертвые города. Зачем нам города, где живет двадцать миллионов населения? Они совершенно никому не нужны! Они, обслуживая себя, пожирают Землю».

Вы сейчас проговариваете мысли этой верхушки?

Конечно. Это их позиция.

Не надо никого убивать, не нужны мировые войны. Ведь после атомных взрывов условия жизни будут тяжелейшими. А нам нужна чистая, девственная планета Земля. Да, мы видим, что освоение Луны и Марса ничего не дает, ничего невозможно там сделать. Для того, чтобы нормально жить и управлять, нам надо всего полмиллиарда людей», – вот на это взят курс.

Почему мировая элита решила абсорбировать у себя мусульман? Мусульмане в Европе рожают в два раза меньше, а потом еще в два раза меньше. Со временем они рожают всего двое-трое детей вместо пятнадцати. Так сокращается их количество.

Вы думаете, что у них есть такой план?

Да, это серьезные планы. Страны надо увлечь. Там, где невозможно это сделать, внутри страны вспыхивают войны, междоусобицы, хаос, взаимное уничтожение.

ГОЛЛИВУД НА СЛУЖБЕ У КАББАЛЫ?

Давайте рассмотрим этот процесс с духовной точки зрения. Если бы была возможность поговорить с верхушкой общества, что бы Вы сказали им?

Я не думаю, что мне надо с ними говорить. Нужно бы рассказать о том, что можно исправить эгоизм и, таким образом, идти другим путем.

Не понадобится уменьшать численность населения планеты. Ведь мы сможем прокормить и семьдесят миллиардов, если будем потреблять нормально, рационально и только необходимое для существования.

Во всем остальном будем заниматься лишь внутренним объединением для полного раскрытия Творца. Допустим, я рассказал им это. Предположим, что они поняли и оценили. Что дальше?

Вы скажете, что дальше? Они это оценили. Станут они двигаться в этом направлении или нет? Смогут ли они отменить себя перед Вами и сказать: «Ведите! Давайте сделаем этот эксперимент»?

Они сами? А как они могут? Что они сделают при этом? Дадут мне мировое телевидение, мировой интернет, предоставят мне в помощь Голливуд, и мы начнем раскручивать эту структуру. Начнем строить виртуальное окружение вокруг всего человечества. Заключим все человечество в информационную пропагандистскую оболочку?

Они могут ощутить такой страх, что будут готовы на все?

Могут ли они пойти на это? Нет. Я пытался говорить. У них очень хорошие технологи: политтехнологи, соцтехнологи. Они верят в эту логику.

Единственное, что может повлиять – это огромнейшие природные катастрофы: извержения вулканов, цунами! То, что океан затапливает какую-то Голландию, или исчезнет Микронезия, Индонезия, – это их совершенно не интересует.

Допустим, в течение месяца будет стоять мороз минус 60-70 градусов, умрет пара миллиардов человек. Или ударит по Африке, по Азии – неважно где, вдруг произойдет катаклизм и там ничего не останется. Ну и что? Ничего страшного. Ведь их это совершенно не затронет.

Серьезные глобальные катастрофы, угрожающие им, не остальным, – это, конечно, для них важно. Может быть, заставят прислушаться, потому что власть уходит из рук и надо что-то делать. Но я не верю и не надеюсь на это, хотя и использую любые события, чтобы передать идеи методики.

Всем великим, большим, известным мы направили письма, где описали наш метод. Не думаю, что получим от них ответ или какой-то отклик. Они понимают серьезность состояния, но не относятся всерьез к нашему предложению. Поэтому я не думаю, что нам надо идти к власть имущим.

Творец создал народ Израиля очень малочисленным. Сколько есть левитов и коэнов в нем? А во главе один Моисей. Здесь внутри природы человека работает совсем другая сила. Если ты правильно настраиваешь маленький источник излучения, то вдруг все, как по мановению волшебной палочки, поворачиваются и идут за тобой. Я в этом уверен! Я в это верю!

Нам надо настроить этот излучатель. Ведь все управляется Творцом!

Нам дана возможность вмешаться в это управление, ускорить его, сделать осознанным это движение. Надеюсь, что у нас получится.

НЕПРЕКЛОННЫЙ НАРОД

Продолжим главу «Ки тиса» – «Когда будешь вести счет». Мы уже говорили о золотом тельце, о превращении его в лекарство.

Моше дает им противоядие. И яд становится лекарством, которое он готовит.

В малых дозах – это лекарство. Как любой яд.

И вот дальше что происходит:

/1/ И ГОВОРИЛ БОГ, ОБРАЩАЯСЬ К МОШЕ: ПОДНИМАЙСЯ, УХОДИ ИЗ ЭТИХ МЕСТ – И ТЫ, И НАРОД ТВОЙ, КОТОРЫЙ ВЫВЕЛ ТЫ ИЗ СТРАНЫ ЕГИПЕТСКОЙ, – И ИДИ В СТРАНУ, О КОТОРОЙ ПОКЛЯЛСЯ Я АВРААМУ, ИЦХАКУ И ЯАКОВУ, СКАЗАВ: ПОТОМСТВУ ТВОЕМУ ОТДАМ Я ЕЕ. /2/ И ПОШЛЮ Я ПЕРЕД ТОБОЮ АНГЕЛА, И ПРОГОНЮ КНААНЕЕВ, ЭМОРЕЕВ, И ХЕТТОВ, И ПРИЗЕЕВ, ХИВЕЕВ И ЙЕВУСЕЕВ. /3/ ИДИ В СТРАНУ, ТЕКУЩУЮ МОЛОКОМ И МЕДОМ; А Я НЕ ПОЙДУ В СРЕДЕ ТВОЕЙ, ИЗРАИЛЬ, ПОТОМУ ЧТО ТЫ НЕПРЕКЛОННЫЙ НАРОД – КАК БЫ НЕ УНИЧТОЖИЛ Я ТЕБЯ ПО ДОРОГЕ!

То есть начинайте серьезный, реальный выход из Египта, из этого места, на котором вы стоите.

Вы это называете Египтом?

Это пока еще Египет. Получено указание начать путь восхождения на другой уровень, на уровень Исраэль. Из того желания, в котором ты находился и пока еще находишься, ты должен начинать подъем.

«Я пошлю ангела перед тобой»? Что это за ангел?

Руководящая сила, которая указывает, как идти, если человек желает идти к Творцу, потому что иначе мы оказываемся на духовном пути «без руля и без ветрил».

Нам нужна сила, но она действует только тогда, когда мы действительно желаем принять на себя свойства отдачи и любви. Постепенно, насколько это возможно, каждый раз мы анализируем собсьвенные свойства и желаем подчиниться этому ангелу. Это практически тот же свет, который светит и ведет нас.

Глава «Когда будешь вести счет»

Только одно желание должно быть – подчиниться этому ангелу? И тогда он идет впереди?

Подчиниться ангелу – это значит направить себя на свойство отдачи и любви относительно Творца, который представляет собой это свойство, единое поле. К Нему я должен постоянно приближаться.

Здесь есть такая известная фраза: «Иди в страну, текущую молоком и медом». Можно ее объяснить?

Молоко – это свойство отдачи, свойство бины. Мед – это высшее свойство, хохма. Оба эти свойства проявляются именно в стране Израиля, то есть в желании, которое уже четко связано с Творцом, наполнено исправленным свойством над своим эгоизмом.

«Я не пойду в среде твоей, Израиль, потому что ты непреклонный народ – как бы не уничтожил Я тебя по дороге!»

Имеется в виду, что возможно снова разрушение. У человека должна быть свобода воли в том, чтобы он провел себя через все исследования, произвел анализ своей природы относительно Творца.

Здесь ничто не должно вмешиваться. Желания человека, его устремления первичны, помощь Творца вторична. Поэтому Он должен быть вне стана народа.

Но Он говорит, почему не пойдет: «Ты непреклонный народ».

Да, потому что ты находишься пока еще в таких свойствах.

И дальше: «Как бы не уничтожил Я тебя по дороге!»

Как только возникнут в тебе неправильные желания и свойства, они сразу же войдут в конфликт со светом, со свойством отдачи. И снова произойдет разрушение и огромное падение в предыдущие состояния. Когда Творца нет, то ты можешь в чем-то ошибаться по дороге.

И действительно, весь путь состоит из выяснений, проб и ошибок – так ты двигаешься все время. Как ракета, которая направлена к цели, все время должна отклоняться и возвращаться к своему курсу, иначе она не чувствует его. Если ей светит свет на каждом ее отклонении, то он будет ее сдвигать, разрушать. Она должна искать его.

Именно человек строит внутри себя свойства Творца, строит этот Высший будущий мир. Поэтому сказано, что человек создает в себе Творца.

В ОЖИДАНИИ ЧУДА

На личном опыте проб и ошибок человек создает в себе Творца?

Да, только таким образом можно двигаться. Мы видим это совершенно четко в нашей духовной работе. Раскрытие Творца следует только в правильном желании, которое человек сам в себе постепенно выявил, соединил и представил уже, как готовое, необходимое, страстное желание к раскрытию свойства отдачи и любви.

Получается, если бы внутри был Творец, то не было бы никакой свободы, все подавлялось бы светом?

Да.

Глава «Когда будешь вести счет»

Дальше говорится:

/4/ И УСЛЫШАЛ НАРОД ЭТУ ДУРНУЮ ВЕСТЬ, И ПОГРУЗИЛИСЬ В СКОРБЬ, И НИКТО НЕ НАДЕВАЛ БОЛЕЕ СВОИХ УКРАШЕНИЙ.

Двигаться духовным путем – это значит двигаться в абсолютной темноте. Темнота обращается в свет сразу, как только ты оставляешь весь свой эгоизм. И если ты погружаешься в него, то снова возвращаешься к тьме.

Тьма – это не просто состояния, при которых видим или не видим, ощущаем или не ощущаем во всех наших чувствах, определениях, направлениях. Тьма – везде, и мгновенно ощущается растерянность, полная неуправляемость.

Это проблема для нас, но именно таким путем мы можем достичь свойства отдачи. Мы ведь его не ощущаем сейчас, не представляем вообще, откуда оно идет, каким образом человек поднимается к этому свойству. Нам кажется, что мы просто заменяем одно свойство другим, а это совершенно не так.

Как может человек, находясь в эгоизме, захотеть свойства, противоположные самому себе? В этом основная проблема, которую никто не может понять: как я могу пожелать свойство отдачи, любви, когда я нахожусь в свойстве получения?

Даже если я захочу, то все равно захочу ради себя. Я никак не могу захотеть этого не ради себя. Поэтому движение во тьме, без Творца, необходимо. Именно для того, чтобы я сам находил, каким образом обратить тьму в свет.

Я нахожусь в этом состоянии. Только как мне сделать, чтобы все противоположное моему эгоизму ощущалось как свет?

Как мне, находясь в своем мире, увидеть свет в том, что я считаю противным своей природе? Как переиначить себя, перелицевать – вот это проблема.

Есть несколько вариантов. Один из них – мне так плохо в моем эгоизме, что я хочу, как из шкуры, выйти из него.

И все равно это будет эгоистически. Как мы достигаем свойства отдачи, если мы его не требуем?! Изначально, я никак не могу этого требовать.

Потому что я сразу требую только для себя?

Да. Передо мной поставлена задача совершенно невыполнимая. Здесь находится такая точка, которую ощутить нельзя, и нам заранее не дано ее понять. Если я это понимаю, значит, нахожусь уже не в эгоистическом свойстве!

Как же я устремляюсь к ней? Только благодаря своей точке в сердце. Но и это устремление все равно эгоистическое, потому что оккупировано моими желаниями.

Здесь и заключается некая тайна взаимодействия между нами и Творцом, светом. Когда Он работает над нами, и мы обращаемся к Нему, но это происходит через какую-то непреодолимую преграду.

Между этими двумя уровнями существует какой-то очень интересный ход, который мы не знаем и не можем его никак отыскать. Он проявляется постепенно, если мы четко, скрупулезно следуем направлениям, которые нам заданы.

Это и есть групповая работа, соединение между нами, желание привлечь свет, который нас может соединить. В общем, все это постепенно выявляет в нас какое-то направление, но все равно оно остается тайной.

И это на самом деле так. Сегодня в мире мы видим, что люди, которые более или менее понимают природу человека, одновременно соглашаются, что невозможно произвести такую трансформацию себя. Поэтому и говорится о «чуде выхода из Египта».

Все происходит в ожидании чуда, в движении к чуду?

Да, в движении к чуду. Ты четко, полностью абсолютно осознаешь, что это невозможно, – с одной стороны. И в то же время, посредством своих действий ты настолько уже связан с Творцом, что понимаешь: Он может это сделать.

И когда доходишь до точки разрыва между Ним и тобой, тогда Он и замыкает это движение.

А как сделать это движение радостным? Это вообще возможно?

Радость приходит с осознанием важности цели! А как еще может быть? Если есть соответствующая атмосфера в том окружении, которое человек вокруг себя создает, то, конечно, это возможно.

Просто человек не должен успокаиваться, никогда не чувствовать себя в безопасности, потому что это сразу останавливает его?

Да. Только лишь поддержка при условии взаимного давления, что называется арвут – поручительство, тогда это возможно. Условие, без которого, конечно, не достичь ничего.

Такая высшая психология получается. Потому что низшая психология говорит о том, как успокоить человека, вывести его из депрессии.

А здесь, наоборот, не успокаиваться, а подниматься к радости. В депрессии ты не можешь сделать ни одного шага вперед. Ты должен обратить в свет все темные состояния, иначе ты их не преодолеешь.

В темноте ты не можешь сделать ни одного шага вперед. Есть люди, которые сидят темноте и согласны с этим, настроены соглашательски, депрессивно. Здесь главное – обратить тьму в свет.

А то, что они восприняли это, как «дурную весть», и «погрузились в скорбь»?

Вот это страшно – такого быть не должно. Но это говорит об их состоянии. И оно естественно для них.

Тора рассказывает о четких состояниях, которые мы проходим и не можем никаким образом изменить, потому что это свойства нашей природы.

У ВХОДА В ШАТЕР ОТКРОВЕНИЯ

Дальше написано:

/5/И СКАЗАЛ БОГ, ОБРАЩАЯСЬ К МОШЕ: «СКАЖИ СЫНАМ ИЗРАИЛЯ: ВЫ – НАРОД НЕПРЕКЛОННЫЙ; ОДНОГО МГНОВЕНИЯ БЫЛО БЫ ДОСТАТОЧНО МНЕ ПРОБЫТЬ В ТВОЕЙ СРЕДЕ, ИЗРАИЛЬ, – И УНИЧТОЖУ ТЕБЯ. А СЕЙЧАС СНИМИ С СЕБЯ УКРАШЕНИЕ ТВОЕ, И Я УЗНАЮ, КАК ПОСТУПИТЬ С ТОБОЮ».

До этого было сказано: «И никто не надевал более своих украшений». И здесь говорится: «Сними украшения».

ГЛАВА «КОГДА БУДЕШЬ ВЕСТИ СЧЕТ»

Это эгоистические украшения, которыми человек приукрашивает себя, те, которые дают ему возможность ощутить что-то важное в его состоянии.

И скорбь ощутить? И дурную весть, потому что носятся эти эгоистические украшения?

Да.

/6/ И ПЕРЕСТАЛИ СЫНЫ ИЗРАИЛЯ НОСИТЬ УКРАШЕНИЕ СВОЕ, ПОЛУЧЕННОЕ С ГОРЫ ХОРЕВ. /7/ А МОШЕ, БЫВАЛО, ВОЗЬМЕТ ШАТЕР И РАСКИНЕТ ЕГО ДЛЯ СЕБЯ ВНЕ СТАНА, ПОДАЛЬШЕ ОТ СТАНА, И НАЗВАЛ ОН ЕГО «ШАТЕР ОТКРОВЕНИЯ», И КАЖДЫЙ, КТО ИСКАЛ МИЛОСТИ БОГА, ШЕЛ К ШАТРУ ОТКРОВЕНИЯ, КОТОРЫЙ НАХОДИЛСЯ ВНЕ СТАНА.

Есть эгоистические желания человека, с которыми он ничего не может сделать. Желания, которые он может приподнять наверх, поднимаются именно к ступени бины, свойству отдачи, свойству Моше. И там именно в этих конкретных, одиночных своих побуждениях он может на какое-то время войти в контакт с Творцом.

«Вне стана» – это как бы вне этих наслаждений?

Вне всех желаний. То есть какое-то конкретное намерение может быть таким.

Собственно, к нему все время идет стремление. Вот эту цель взять?

Подключение к уровню Моше – «даргат Моше».

/8/ И БЫЛО: КОГДА ВЫХОДИЛ МОШЕ К ШАТРУ ОТКРОВЕНИЯ, ВСТАВАЛ ВЕСЬ НАРОД – КАЖДЫЙ У

ВХОДА В ШАТЕР СВОЙ, И СМОТРЕЛ ВСЛЕД МОШЕ, ПОКА ТОТ НЕ ВХОДИЛ В ШАТЕР.

Это уровни, духовные ступени.

Но они все-таки смотрят вслед Моше, когда он выходит из своих желаний.

Да, все желания человека направлены туда, но не в состоянии двигаться. И только точка, которая называется Моше, поднимается на этот уровень.

И поэтому каждый стоит у входа и не может двинуться, но ощущает, что в этом что-то есть?

Да, каждый представляет себе свойство бины, направление, но, к сожалению, пока еще не в состоянии быть в нем.

/9/ И БЫЛО: КАК ВОЙДЕТ МОШЕ В ШАТЕР, СПУСТИТСЯ ОБЛАЧНЫЙ СТОЛП И ВСТАНЕТ У ВХОДА В ШАТЕР, ПОКА БУДЕТ БОГ ГОВОРИТЬ С МОШЕ; /10/ И ПРИ ВИДЕ ОБЛАЧНОГО СТОЛПА, СТОЯЩЕГО У ВХОДА В ШАТЕР ОТКРОВЕНИЯ, ПАДЕТ НИЦ ВЕСЬ НАРОД, КАЖДЫЙ ЧЕЛОВЕК – У ВХОДА В ШАТЕР СВОЙ.

Как только Творец приближается, их эгоистические желания все-таки падают, но в зависимости от подготовки, которую они провели.

Это и называется, что они «падают ниц»?

Да, преклоняются перед свойством отдачи.

Как же все-таки преклониться перед этим свойством?

Нужна подготовка для того, чтобы Творец спустился.

ГЛАВА «КОГДА БУДЕШЬ ВЕСТИ СЧЕТ»

Надо, чтобы природа человека, из которой невозможно выйти, пала ниц перед спустившимся?

Это зависит от наших побуждений, наших действий, в результате которых Творец постепенно снижается к нам. И тогда наши желания меняются.

Тревога это и есть постепенное приближение этих свойств? Иначе не было бы тревоги, беспокойства, так я понимаю? Мы не говорим здесь о животной тревоге, которая постоянно есть в человеке.

Не знаю, это нехорошие, в общем-то, свойства.

Правильное состояние – это состояние радости во всех, даже самых темных, моментах. Там можно себя проверить, на самом ли деле радостно ты встречаешь ночь, тьму, которая дает тебе возможность приподняться. Можешь ли ты из тьмы взывать к свету?

Это работа – тревогу перевести в радость?

А как может быть иначе, без радости, если все приходит от Творца и только ради твоего продвижения? Нужна просто поддержка окружающей среды, группы. И если она существует, то проблем быть не должно. Главное – не задерживаться на этих этапах.

НЕТ НИЧЕГО ЛИШНЕГО В ЧЕЛОВЕКЕ

/11/ И ГОВОРИЛ БОГ С МОШЕ ЛИЦОМ К ЛИЦУ, КАК ЧЕЛОВЕК ГОВОРИТ СО СВОИМ ДРУГОМ, И ВОЗВРАЩАЛСЯ МОШЕ В СТАН; А СЛУЖИТЕЛЬ И УЧЕНИК ЕГО, ЙЕОШУА БИН НУН, НИКОГДА НЕ ВЫХОДИЛ ИЗ ШАТРА.

Подчеркивается: как человек говорит со своим другом.

Да, на равных. Отношение Творца – свойства кетэр к свойству бины такое, что свойство бины в своей высшей части подобно свойству кетэр, то есть они соединяются.

У Йеошуа нет таких сил, как у Моше, чтобы спускаться в низшие желания, в малхут, к народу и взаимодействовать с ним. Поэтому он называется слугой Моше.

Но после Моше мы знаем, что он идет дальше. Йеошуа Бен Нун входит в Эрец Исраэль?

Да, потому, что это – Эрец Исраэль! Малхут уже готова принять на себя свойство отдачи.

И у Йеошуа уже есть силы войти и вести за собой народ?

Да, а Моше не может, потому что находится в свойстве бины, оторван от малхут. Он может ее исправлять, но внутрь ее еще не может войти.

Только после того, как вся Эрец Исраэль примет на себя все свойства отдачи и любви, тогда проявится свойство Моше.

До этого у нас еще длинный путь.

/12/ И СКАЗАЛ МОШЕ БОГУ: «СМОТРИ, ТЫ ГОВОРИШЬ МНЕ: ВЕДИ ЭТОТ НАРОД, – НО НЕ ИЗВЕСТИЛ ТЫ МЕНЯ О ТОМ, КТО БУДЕТ ТОТ АНГЕЛ, КОТОРОГО ТЫ ПОШЛЕШЬ СО МНОЙ; А МЕЖДУ ТЕМ ТЫ СКАЗАЛ: Я ЗНАЮ ТЕБЯ С ТЕХ ПОР, КОГДА ТЕБЕ ДАЛИ ИМЯ, И СНИСКАЛ ТЫ ПРИЯЗНЬ МОЮ. /13/ А ТЕПЕРЬ, С ТВОЕГО ПОЗВОЛЕНИЯ, ЕСЛИ ОБРЕЛ Я МИЛОСТЬ ТВОЮ, – НАУЧИ МЕНЯ СВОИМ ПУТЯМ, И ТЕБЯ Я УЗНАЮ, ДАБЫ НАВСЕГДА ОБРЕСТИ БЛАГОВОЛЕНИЕ В

ГЛАЗАХ ТВОИХ; И СМОТРИ: ВЕДЬ ЛЮДИ ЭТИ – ТВОЙ НАРОД!»

Так чувственно он говорит!

Да, это забота. И показано, как человек понимает, что все его свойства – это именно те свойства, которые он должен принести к Творцу. Свойства, с помощью которых он создает в себе образ Творца.

У Творца образа нет, этот образ проявляется именно внутри человека, поэтому человек называется Адам – тот, который достиг подобия Творцу.

Моше, понимая, что все его свойства необходимы для достижения этого образа, на самом деле бережет их.

В предыдущих состояниях мы очень держимся за свой эгоизм, за все свои свойства. Затем начиная осознавать, что все они противны Творцу, мы хотели бы от них избавиться.

Когда мы начинаем осознавать и исправлять свои свойства, ощущать их необходимыми для подобия Творцу, мы начинаем ими дорожить. Смотри, как Моше просит каждый раз за свой народ, то есть за все свои эгоистические свойства.

Не сдается.

Иначе он не достигнет полного образа.

Творец подкупает его, говорит, что истребит половину народа, говорит, что не надо тебе так много, чтобы быть полностью подобным Мне, достаточно и половины. То есть Творец подкупает человека: будь хотя бы немножко подобен Мне, и этого достаточно.

Тут человек, конечно, не должен останавливаться, потому что только благодаря самым эгоистическим свойствам он может доставить удовольствие Творцу – тем, что станет подобен Ему.

Моше это ощущает и знает?
Да, и поэтому не согласен.

Подкуп серьезный. Творец сказал: «Будь со Мной, и Я из тебя сделаю народ». Это первый высочайший уровень. И больше тебе ничего не надо.
А теперь Моше просит за народ все больше и больше.
Да. Иначе невозможно уподобиться Творцу.

Просит за самые плохие качества и ко всему прочему еще и держится за них?
В полном смысле слова, в полный рост, что называется. Нет ничего лишнего в человеке!

ЯД ОТ ТВОРЦА

/14/ И СКАЗАЛ БОГ: «ПОЙДУ Я САМ, И ТЫ БУДЕШЬ УМИРОТВОРЕН». /15/ И СКАЗАЛ ЕМУ МОШЕ: «ЕСЛИ САМ ТЫ НЕ ПОЙДЕШЬ С НАМИ – ЛУЧШЕ И НЕ ВЫВОДИ НАС ОТСЮДА! /16/ И В ЧЕМ ЖЕ ЕЩЕ ПРОЯВИТСЯ МИЛОСТЬ, КОТОРУЮ Я ОБРЕЛ У ТЕБЯ – Я И НАРОД ТВОЙ, – ЕСЛИ НЕ В ТОМ, ЧТО ТЫ САМ ПОЙДЕШЬ С НАМИ, И ВЫДЕЛИМСЯ МЫ – Я И НАРОД ТВОЙ – ИЗ ВСЕХ НАРОДОВ ЗЕМЛИ!»

Никаких соглашений – ничего нет. Ты должен всех нас довести до состояния, когда мы полностью будем подобны Тебе.

Все свойства мои подобны Тебе! Человек должен признать, что все свойства должны быть исправлены, я не расстаюсь ни с чем!

Человек начинает бережно относиться ко всем своим самым эгоистическим проявлениям, понимая, что, в итоге, они должны быть преобразованы. Он не аннулирует ничего.

Он смотрит на свой внутренний, духовный атлас. Как есть медицинские атласы человека, так и здесь. Человек понимает, что не может быть правильного образа Творца без исправления абсолютно всех желаний на отдачу и любовь.

Ощущение от этой сумасшедшей главы такое, что народ и продажный, и предательский.

Ну, это наши естественные желания. Конечно!

Ты можешь отказаться и не отказываешься от них, ты берешь их и просишь за них!

Да. Причем, это действительно все время преследует человека. Он желал бы оторваться от своего прошлого. Он желал бы оторваться от себя! Он презирает, ненавидит свои свойства! Он хотел бы все зачеркнуть! Себя, Творца, – всех обвиняет в том, что прошел и столько сделал ошибок в жизни!

Это уже огромное раскрытие для человека, если он начинает осознавать, что все свойства необходимы для достижения конечной цели. И понимает, что все, что было до сих пор, все эти действия абсолютно верны. Они только должны исправиться и пройти инверсию.

Ни за что в прошлом я не должен никого винить. Все мои прошлые прегрешения называются «*шгагот*» и «сдонот» – ошибки, умышленные прегрешения. Все они специально заранее внутри меня существуют, уже проявились в самых своих диких видах и еще будут, может быть, проявляться.

Мы видим, что они только начинают свой путь и все они необходимы. И я готов на то, чтобы пройти все, что угодно, только чтобы не растерять их, а исправить.

В каком случае человек способен на такую силу, чтобы ко всему этому прийти?

Важность Творца, которому только таким образом я могу дать наслаждение.

То есть должно быть раскрытие Творца?

Ни в коем случае! Тогда опять будет мое эгоистическое действие.

Я сижу перед Творцом, за Его столом, уставленным яствами. И каждое блюдо передо мной – яд. Ужасный вкус! Страшнейшая горечь! Ну, отрава, просто ужасно! Внутри себя я обязан это изменить так, чтобы почувствовать бесконечное наслаждение.

Я вкушаю нечто невероятно отвратительное и при этом чувствую сладость, потому что я получил это от Него. Вот что-то такое, может быть.

Вы рассказывали, как Учитель дал Вам стакан кофе и не очень хорошо помыл стакан, в нем осталось еще немножко мыла.

Нет, не мыло, осталась «Экономика» – это страшное химическое средство.

И Вы его выпили?

ГЛАВА «КОГДА БУДЕШЬ ВЕСТИ СЧЕТ»

Конечно! Ну, а как же еще?! Притом у меня язва была тогда, страшная проблема. Но это хороший пример.

В данном случае Вы видели, от кого получаете, у Вас было ощущение Учителя?

Сначала у меня были сомнения: может, сказать ему, может, он просто забыл промыть стакан и добавил все остальное.

На самом деле, все зависит от намерения. Ты можешь обратить в лекарство все, что угодно!

Можешь залпом выпить что-то вредное, и если у тебя есть намерение, ничего не случится?

Ничего не подействует! Но это уже другая ступень.

Другое чудо.

ПОДЪЕМ В МИР БЕСКОНЕЧНОСТИ

Продолжим главу «Ки тисса» – «Когда будешь вести счет». Счет с Творцом: где Он должен быть – внутри, не внутри...

Вот что написано:
/17/ И СКАЗАЛ БОГ, ОБРАЩАЯСЬ К МОШЕ: «ТАКЖЕ ТО, О ЧЕМ ТЫ СЕЙЧАС ГОВОРИЛ, Я СДЕЛАЮ, ИБО СНИСКАЛ ТЫ ПРИЯЗНЬ МОЮ, И ЗНАЮ Я ТЕБЯ С ТЕХ ПОР, КАК ТЕБЕ ДАЛИ ИМЯ». /18/ И СКАЗАЛ МОШЕ: «ПОЖАЛУЙСТА, ОТКРОЙ МНЕ СЛАВУ СВОЮ!». /19/ И ОТВЕТИЛ БОГ: «Я ПРОВЕДУ ПЕРЕД ТОБОЮ ВСЕ БЛАГО МОЕ, И ПРОВОЗГЛАШУ ПЕРЕД ТОБОЙ ИМЯ БОГА, НО ПОМИЛУЮ Я ЛИШЬ ТОГО, КОГО РЕШУ

ПОМИЛОВАТЬ, И ПОЖАЛЕЮ ТОГО, КОГО РЕШУ ПОЖАЛЕТЬ». /20/ И ЕЩЕ СКАЗАЛ: «ТЫ НЕ СМОЖЕШЬ УВИДЕТЬ ЛИЦО МОЕ, ПОТОМУ ЧТО НЕ МОЖЕТ УВИДЕТЬ МЕНЯ ЧЕЛОВЕК И ОСТАТЬСЯ В ЖИВЫХ».

Это такие желания в нас, которые не в состоянии принять свет Бесконечности. Они могут его принять только, если полностью адаптированы к нему, то есть находятся в конечном исправлении.

Когда все люди, абсолютно все раздробленные души, соединятся вместе, тогда они образуют полный образ Творца, встанут лицом к лицу.

Говорится в некоторых случаях, что не было такого пророка как Моше, который беседовал с Творцом лицом к лицу. Но тут имеется в виду неполный образ свойства отдачи и любви, который проявляется в полностью исправленном механизме общей души.

Потому что такого еще нет в истории, не проявилось, наш мир еще не поднялся до уровня мира Бесконечности. Мы сейчас только начинаем этот подъем, это исправление.

Это не противоречит одно другому? Раньше было сказано, что он говорил с Ним, как с другом. Это не было Его лицо – «лицом к лицу»?

Нет. Лицом не может быть, потому что полное свойство отдачи и любви может проявиться только в полностью исправленной душе. А в данный момент она еще неисправна.

И тогда это не будет называться Моше? Это будет называться иначе? Может быть, Адам?

Да. Может быть, другим обликом. Может быть, Адам.

Адам – соединенный.

/21/ И СКАЗАЛ БОГ: «ВОТ, ЕСТЬ В МОЕМ МИРЕ МЕСТО: ВСТАНЬ НА ЭТОЙ СКАЛЕ, /22/ И БУДЕТ ТАК: КОГДА СТАНЕТ ПРОХОДИТЬ МИМО ТЕБЯ СЛАВА МОЯ, ПОМЕЩУ Я ТЕБЯ В РАССЕЛИНУ СКАЛЫ И УКРОЮ СВОЕЙ ЛАДОНЬЮ, ПОКА НЕ ПРОЙДУ, /23/ А ТОГДА УБЕРУ Я ЛАДОНЬ СВОЮ, И УВИДИШЬ ТЫ МЕНЯ СЗАДИ – НО ЛИЦО МОЕ НЕ БУДЕТ УВИДЕНО ТОБОЮ».

Трудно объяснить все. Мы понимаем, что значит ахораим (сзади) – обратная часть высшего парцуфа, то есть часть высшей системы, с которой может контактировать низшая система.

Это называется «увидеть Меня сзади»?

Да, но ни в коем случае не более этого.

Расселина, скала – это определения в эгоизме человека, которые начинают приобретать правильные свойства. И там ты можешь, как бы, скрываться.

Есть скала (на иврите сэла). И должна быть расщелина в ней, а дальше – «укрою тебя ладонью».

Это особое скрытие, когда ты можешь наблюдать высший объект, связываться с ним, но остаешься в состоянии, когда ты скрыт от него. Он, кроме этого, будет находиться относительно тебя еще и с обратной стороны.

Тут говорится, что это не твое усилие, а то, что пришло сверху?

Но подготовка-то твоя! Все остальное делает Творец.

То есть все, что до этого прошел Моше, называлось подготовкой?

Да, поэтому вся наша работа называется работой Творца – *аводат а-Шем*. А подготовку ведет человек. Если человек готов, Творец выполняет. Таким образом это делается.

/1/ И СКАЗАЛ БОГ, ОБРАЩАЯСЬ К МОШЕ: «ВЫРУБИ СЕБЕ ДВЕ СКРИЖАЛИ ИЗ КАМНЯ – ТАКИЕ ЖЕ, КАК ПЕРВЫЕ, И НАПИШУ Я НА ЭТИХ СКРИЖАЛЯХ ТО, ЧТО БЫЛО НАПИСАНО НА ПЕРВЫХ СКРИЖАЛЯХ, КОТОРЫЕ ТЫ РАЗБИЛ; /2/ И БУДЬ ГОТОВ ПОУТРУ, И ВЗОЙДИ УТРОМ НА ГОРУ СИНАЙ, И ВСТАНЬ ТАМ ПРЕДО МНОЮ НА ВЕРШИНЕ ГОРЫ, /3/ И ПУСТЬ НИКТО НЕ ПОДНИМАЕТСЯ НА ГОРУ С ТОБОЙ, И ПУСТЬ НИКОГО НЕ БУДЕТ ВИДНО НА ВСЕЙ ГОРЕ, И СКОТ – МЕЛКИЙ И КРУПНЫЙ – ПУСТЬ НЕ ПАСЕТСЯ НАПРОТИВ ЭТОЙ ГОРЫ».

Все желания человека, кроме свойства Моше в нем, не имеют права приблизиться к абсолютному свойству отдачи и любви, которое называется Творец.

Скрижали – это передача духа, передача свойства с высшей ступени на низшую. Мы знаем: один парцуф, второй парцуф и между ними перетекает свет, информация, сила, знание. Это и называется передача скрижалей.

Это некий посредник?

Да, поэтому Моше скрижали делает, а одухотворяет их Творец.

И СПУСТИЛСЯ БОГ В ОБЛАКЕ

И все-таки нужны скрижали? Уже разбиты одни...

Первые скрижали он разбил в Девятое Ава. Сейчас в Йом Кипур появляются вторые.

Скрижали – это передача с высшей ступени на низшую. Это заряд высшей энергетики, информации, знания и, самое главное, духовного свойства. И все это в свете.

Все происходит именно на горе Синай?

Да. Синай от слова *сина* – ненависть. Только лишь возвышаясь над эгоизмом, над ненавистью мы можем получить Тору. А куда же от этого денемся?

Только в этом состоянии? Мы все время упираемся в ненависть?

Конечно, над ней все строится.

Почему должна быть ненависть?

Основное наше свойство – неприятие любого другого человека. Всех остальных людей я ощущаю только так – противоположными себе.

Ты можешь не называть это ненавистью, но в принципе такое ощущение исходит из этого свойства. Оно может дробиться, каким-то образом градуироваться, но все равно это – ненависть.

Наш мир – это абсолютная ненависть, духовный мир – это любовь. Ничего другого нет!

Так или иначе, по дороге к любви обязана быть ненависть?

Подъемом над ненавистью приходишь к любви.

Хорошо!

/4/ И ВЫРУБИЛ ОН ДВЕ СКРИЖАЛИ ИЗ КАМНЯ – ТАКИЕ ЖЕ, КАК ПЕРВЫЕ, И ВСТАЛ МОШЕ РАНО УТРОМ, И ВЗОШЕЛ НА ГОРУ СИНАЙ, КАК ПРИКАЗАЛ ЕМУ БОГ, ДЕРЖА В РУКЕ СВОЕЙ ДВЕ СКРИЖАЛИ ИЗ КАМНЯ. /5/ И СПУСТИЛСЯ БОГ В ОБЛАКЕ, И ВСТАЛ ТАМ РЯДОМ С НИМ, И ВОЗГЛАСИЛ ИМЯ БОГА; /6/ И ПРОШЕЛ БОГ ПЕРЕД МОШЕ, И ВОЗГЛАСИЛ: «БОГ – БОГ ВСЕСИЛЬНЫЙ, МИЛОСТИВЫЙ И МИЛОСЕРДНЫЙ, ДОЛГОТЕРПЕЛИВЫЙ; ТОТ, ЧЬИ ЛЮБОВЬ И СПРАВЕДЛИВОСТЬ БЕЗМЕРНЫ, /7/ ПОМНЯЩИЙ ДОБРЫЕ ДЕЛА ОТЦОВ ДЛЯ ТЫСЯЧ ПОКОЛЕНИЙ ИХ ПОТОМКОВ; ПРОЩАЮЩИЙ ГРЕХ, И НЕПОКОРНОСТЬ, И ЗАБЛУЖДЕНИЕ, И ОЧИЩАЮЩИЙ РАСКАЯВШЕГОСЯ, НО НЕ ОЧИЩАЮЩИЙ НЕРАСКАЯВШЕГОСЯ, ПРИПОМИНАЮЩИЙ ВИНУ ОТЦОВ ИХ ДЕТЯМ И ВНУКАМ, ТРЕТЬЕМУ И ЧЕТВЕРТОМУ ПОКОЛЕНИЮ!»

Третьему и четвертому поколению припоминает. Мы знаем, почему. На третьей ступени уже обрываются *решимот* – информационные записи, когда исходит свет из духовного состояния.

Это то, что Моше постигает, и то, что он выражает в этом постижении. Он четко видит две линии, правую и левую, которые нисходят из Творца: благословение и проклятие.

Они управляют эгоизмом, тянут его вперед и в правильном соответствии между собой заставляют его пожелать измениться.

Это слышит весь народ: «Бог всесильный, милосердный, милостивый»?

Нет, нет. Это все только свойство Моше. Остальные не могут это слышать! Дело не в том, где они находятся. На самом деле это не гора. Это расстояние.

Под той ненавистью, в которой находятся остальные свойства человека, они не воспринимают это. Оно для них не существует. Но благодаря тому, что сделали на себя первое сокращение, они могут наблюдать издали, что происходит.

«Гора окутана дымом», то есть скрыт сам эгоизм от них. Они даже не понимают тот эгоизм, который находится перед ними, который они должны преодолеть. Они не ощущают, как эта гора обратится сейчас в пустыню Синай, через которую они должны идти.

Гора Синай и пустыня Синай – гора превращается в пустыню. Не могут они подняться до уровня Моше, потому что сейчас эгоистические желания постепенно разворачиваются перед ними.

И они идут. Что значит – идут? Исправляют каждое свое желание и таким образом поднимаются на гору Синай. Но это происходит за сорок лет путешествия.

Эту книгу, написанную Моше, может услышать только тот, кто приближен к Моше?

Естественно, да. На самом деле, Тора скрыта абсолютно для всех.

И сейчас все наши попытки, упражнения, выяснения необходимы для того, чтобы так или иначе приблизиться к Моше?

Да, разгадать все этапы его восхождения и следовать за ним.

И придет состояние при котором сможем не просто прочитать, а услышать, почувствовать все это – «милостивый, милосердный»?

Самое главное – реализовать, чтобы достичь такого состояния!

Реализация в нашем мире очень простая, если мы четко, без заумных прожектов выполняем именно то, что надо.

Да, но важно точно понять, что надо выполнять. Как распространять эту весть о Творце? В делах или в каких-то закрытых кругах? С каким намерением это делать? Где? Как? Где точное указание, как следовать? Как разгадать эту тайну?

Это не тайна, это методика, которая может раскрываться нам постепенно, только в той мере, в которой мы заранее согласны с ней.

ЧУДЕСА, КОТОРЫХ ЕЩЕ НЕ БЫЛО НА ЗЕМЛЕ

Когда человек сам читает Тору, разбирается, это становится похоже на философию. Мне звонили недавно друзья, говорят: «Мы столько в ней находим!» Просто сидят, читают и столько находят, все понимают..

Да, эта книга дала пищу для миллионов. Тут можно такую психологию и романтику обнаружить, все, что угодно...

Так и сделало человечество. Оно создало из этой книги и психологию, и романтику. Фильмы, законы и все, что хочешь.

ГЛАВА «КОГДА БУДЕШЬ ВЕСТИ СЧЕТ»

Да, многое накручено вокруг этого. Ее могут поворачивать как угодно.

/8/ И ПОСПЕШИЛ МОШЕ СКЛОНИТЬСЯ ДО ЗЕМЛИ, И ПАЛ НИЦ, /9/ И СКАЗАЛ: «ЕСЛИ УДОСТОИЛСЯ Я ОБРЕСТИ БЛАГОВОЛЕНИЕ В ГЛАЗАХ ТВОИХ, ГОСПОДЬ, ТО МОЛЮ: ПУСТЬ ГОСПОДЬ ИДЕТ СРЕДИ НАС! ИБО НАРОД ЭТОТ – НАРОД НЕПРЕКЛОННЫЙ, И ПРОСТИШЬ ТЫ НАШ ГРЕХ И НАШИ ЗАБЛУЖДЕНИЯ, И СДЕЛАЕШЬ ТЫ НАС ДОСТОЯНИЕМ СВОИМ!» /10/ И СКАЗАЛ БОГ: «ВОТ, Я ЗАКЛЮЧАЮ С ВАМИ СОЮЗ: НА ГЛАЗАХ У ВСЕГО НАРОДА ТВОЕГО СОВЕРШУ ЧУДЕСА, КОТОРЫХ ЕЩЕ НЕ БЫЛО НА ЗЕМЛЕ НИ ДЛЯ ОДНОГО ИЗ НАРОДОВ! И УВИДИТ ВЕСЬ НАРОД, КОТОРЫЙ ТЕБЯ ОКРУЖАЕТ, СКОЛЬ ГРОЗНЫ ДЕЯНИЯ БОГА, КОТОРЫЕ Я СОВЕРШУ ДЛЯ ТЕБЯ. /11/ СОБЛЮДАЙ ЖЕ ТО, ЧТО Я ПРИКАЗЫВАЮ ТЕБЕ СЕГОДНЯ».

Моше не сдается, говорит: «Господь идет среди нас». И, как я понимаю, Творец соглашается.

Творец соглашается. Мы должны понимать, что Творец – это закон, свойство абсолютное, идеальное, неизменяемое. На каждой ступени оно проявляется относительно человека совершенно по-разному.

На предыдущей ступени: «Не будет Меня среди вас. Я вас вообще истребляю». На следующей ступени: «Я готов быть среди вас и вести вас». Все зависит от человека, от ступени, на которой он находится.

Это не зависит от Творца. Он неизменен, мы меняемся.

Когда говорится, что «на глазах у всего народа твоего совершу чудеса, которых еще не было на земле ни для одного из подобных», – это именно такой переворот?

«Вот в этом свойстве, в котором вы сейчас находитесь, – да. Я могу уже быть среди вас, Я могу над вами производить какие-то действия».

А на следующей ступени уже нет?

Следующая ступень – снова погружение в эгоизм, чтобы выявить его. И там снова проблемы.

И снова осваивать, и снова просить? И снова так же «запускать» Моше? И каждая ступень так?

Абсолютно! На каждой ступени то же самое. Да, десять, десять, десять, – все проградуировано очень четко. Не может быть исправления каждой части иначе, а именно в таком ключе.

Далее говорится о том, чего надо остерегаться. И Он снова повторяет:

/12/ ОСТЕРЕГАЙСЯ ЗАКЛЮЧАТЬ СОЮЗ С ЖИТЕЛЯМИ ТОЙ СТРАНЫ, КУДА ИДЕШЬ ТЫ, – ЧТОБЫ НЕ СТАЛО ЭТО ДЛЯ ТЕБЯ ЛОВУШКОЙ.

Потому что есть такие свойства, которые человек исправить не может вообще! Он должен их оставить: проанализировать, обнаружить, что с ними действительно он справиться не может. Он не может их преодолеть, не может их изменить на отдачу и любовь.

Человек не может даже приподняться над ними, он практически должен изгнать их из себя, то есть не применять. В таком смысле «не применять», что как будто они в нем на самом деле не существуют.

Все эти свойства существуют на самой низшей ступени, которая уже называется Земля Израиля. Когда он поднимается на самую высшую ступень, и при этом в нем проявляется соответственно самая низшая эгоистическая ступень, тогда он может ее определить, выявить. И поэтому он не имеет права никоим образом взаимодействовать с ними.

Семь народов – это свойство «хагат нехим», семь сфирот. И если я ставлю на них такой запрет в себе, что никогда к ним не прикасаюсь, то это исправление этих свойств.

БОГ-РЕВНИТЕЛЬ

Но если говорится о ловушке, все-таки там есть что-то сладкое?

О, против них огромный свет!

Против этих свойств, самых грубых, самых неисправимых, – огромнейший свет, свет мира Бесконечности. Но именно потому нам и надо ими пренебречь, дать их исправить Творцу, потому что эти свойства относятся к нашему сотворению.

Когда сотворяется желание из ничего – в этом контакте и находятся эти семь свойств. И только поэтому они и проявляются в самый последний момент, когда ты уже входишь на все ступени, которые мог исправить.

Ты снизошел из мира Бесконечности до нашего мира, поднялся обратно, – тогда и проявляются эти свойства.

И тогда идут ловушки?

Это не ловушки. Тора обрывается на месте входа в Эрец Исраэль.

Последнее слово «Эрец Исраэль».

Да, в Землю Израиля. И все эти свойства еще остаются перед тобой. Как с ними действовать? Об этом не сказано.

Тора дается только как инструкция исправления всего, что ты можешь исправить. А дальше? Возможно, ты обнаружишь, что делать далее.

Дальше есть все-таки история о Давиде, об Иерусалиме, о земле.

Это уже другой уровень – уровень пророков. Это не уровень Моше.

Это не продолжение?

Продолжение, но еще более скрытое. И, кроме того, нам надо понять: то, что описано в Пророках и в святых Писаниях, – это те ступени, которые мы прошли в прошлом в своих неисправленных желаниях.

В будущем мы их проходить не должны, потому что находимся уже после разбиения храмов, после всех изгнаний. Поэтому должны пройти только тот этап, который указывает Тора, и этого достаточно. Тогда мы достигаем Эрец Исраэль и полного исправления.

Мы не входим на тот же путь, по которому шел народ тогда и по которому идет исправление человека.

Тора говорит о том, что происходило в наших корнях. Сами мы должны исправить состояние – переход от горы Синай в пустыню Синай до Эрец Исраэль.

Может быть так, что двенадцать колен в Земле Израиля не начнут ее осваивать? Тут возможно совсем другое развитие?

Нет, развитие будет таким же, но эти двенадцать колен мы обнаружим в себе.

Глава «Когда будешь вести счет»

Тут говорится:

/13/ НО ЖЕРТВЕННИКИ ИХ РАЗБЕЙТЕ, СВЯЩЕННЫЕ КОЛОННЫ ИХ СОКРУШИТЕ, ДЕРЕВЬЯ, КОТОРЫМ ОНИ ПОКЛОНЯЮТСЯ, СРУБИТЕ. /14/ ИБО ДА НЕ ПОКЛОНИШЬСЯ ТЫ БОЖЕСТВУ ИНОМУ, ИБО ИМЯ БОГА – «РЕВНИТЕЛЬ», БОГ-РЕВНИТЕЛЬ ОН.

Слово «ревнитель» Вы можете пояснить?

Конечно. Зависит от того, чему ты поклоняешься: идолам или еще чему угодно, кроме свойства отдачи и любви – свойства бестелесного, совершенно непонятного, неощущаемого, которое ты никак не можешь вообразить.

Звучит эгоистически – «ревнитель». Ревнитель к чему?

Ревнитель, конечно. Ты изменяешь Ему.

Если ты предпочитаешь другие свойства, другие состояния, кроме состояния полной связи, отдачи и любви, то считаешься изменником, предателем.

Но ревность – это свойство, которое в человеке может привести к любому самому страшному окончанию! В нем есть удар по самолюбию.

Поражение.

Поражение «я» человека.

Все говорится аллегорически, нашим земным языком относительно человека, который должен переживать именно так. Мы и работаем, чтобы «доставить наслаждение Творцу». Отсюда здесь чувственные обороты: наслаждение, ревнитель и так далее.

КОВАРНАЯ ИЗМЕНА

Дальше снова Он говорит:
/17/ НЕ ДЕЛАЙ СЕБЕ ЛИТЫХ БОГОВ!

И «соблюдай праздник опресноков, соблюдай семь дней. Я повелел тебе...»

Все исправления, которых ты раньше достиг, необходимо соблюдать и в состоянии, когда находишься в Земле Израиля. На самой своей высшей ступени они ни в чем не отменяются.

Те духовные свойства, которые ты обрел по дороге: свойства отдачи, любви к окружающим, – все они обращаются теперь к Творцу.

Почему говорится: «литых богов», «отлить бога»? Имеется в виду какая-то форма?

Литьем называется самое сильное состояние изображения, когда все сливается в одно единое изображение, в одно единое поклонение, в одно единое желание, устремление.

Сборка – это другое. Там какие-то сыпучие вещи. Или высекаешь из природного материала. Когда сам отливаешь, ты используешь свои собственные материалы.

Огонь используешь?

Да, ты это все как бы «из себя изрыгаешь».

И все приобретает именно эгоистическую форму?

Да, ты знаешь точно, чего хочешь достичь. У тебя этого материала как бы нет. Но ты прикладываешь все свое мастерство, усилие, всего себя, чтобы сделать этого идола.

То, что делаю я, – называется «делаю литых богов»?

Ты собираешь и соединяешь все свои желания так, что они становятся как одно целое, но в обратном виде. Это противоположно тому, что ты должен сделать!

Ты должен их собрать, но в отдаче, а ты делаешь в противоположном свойстве. И потому это самая коварная измена в поведении человека.

То есть из меня может получиться только этот литой бог? Философии и все прочее – это значит, что практически «я отливаю богов»?

Да, но это не сегодняшние философии. Это – не того уровня работа.

Когда человек восходит на определенный уровень, то у него существует и такая возможность. То есть он находится в состоянии: или туда, или сюда.

Нет здесь главной сцены, что это делается для соединения с другими, для того, чтобы уподобиться Творцу. Если это есть, то это уже не отливание богов?

Нет. В таком состоянии у тебя существует огромное подспорье: ты на самом деле думаешь, что это поможет всем, что это богоугодно.

Чтобы не отливать этого идола, не делать изображения из себя, есть только одна маленькая зацепка – поднять веру выше знания. Она может предохранить, спасти.

Очень тонкая вещь – то, что Вы сказали! Потому что, человек считает, что он все делает на благо.

На благо. Абсолютно! У тебя есть тысяча всевозможных одобрений, утверждений, доказательств, что все идеально.

Все говорят: «Ты просто сеешь свет». А ты на самом деле сеешь тьму. Мы с Вами все время выясняем, как работать с этой очень тонкой гранью.

Да. Работать с ней можно только лишь верой выше знания. Человек пользуется связью с высшими инструментами, он имеет связь с исправленными душами через группу, книги, своего учителя, который связан со своими учителями. Это передается только лишь таким образом!

Невероятно, чтобы кто-то начал изобретать на пустом месте. Природа человека не даст ему ничего сделать. Нет такого случая в истории. Он обязан пройти учебу у своих учителей, получить от них связь и держать ее. И так продвигаться дальше. Никак иначе!

Если человеку даны какие-то таланты, как ему их использовать?

Да никак. Никому не нужны земные таланты. Наоборот: пустое чистое сердце и мозг, разум.

Как Йеошуа Бен Нун?

Да. Именно такое очищенное внутреннее состояние самое хорошее.

Надо наполнять себя знаниями и всем, что написано в методике. И очень остерегаться всевозможных философий, логических выводов и так далее. Все базировать только на первоисточниках. И каждый раз пытаться их проанализировать и понять по-новому.

ГЛАВА «КОГДА БУДЕШЬ ВЕСТИ СЧЕТ»

ТРИЖДЫ В ГОДУ ПРЕД ЛИЦОМ БОГА

/19/ КАЖДЫЙ ПЕРВЕНЕЦ, ВЫШЕДШИЙ ИЗ МАТЕРИНСКОЙ УТРОБЫ, ПРИНАДЛЕЖИТ МНЕ, И ИЗ ВСЕГО ПОГОЛОВЬЯ СКОТА ТВОЕГО ОТДЕЛЯЙ ПЕРВЕНЦЕВ. КАЖДОГО СВОЕГО СЫНА-ПЕРВЕНЦА ВЫКУПИ, И НЕ ЯВЛЯЙТЕСЬ ПРЕД ЛИЦО МОЕ С ПУСТЫМИ РУКАМИ. /21/ ШЕСТЬ ДНЕЙ ТЫ БУДЕШЬ ТРУДИТЬСЯ, А В СЕДЬМОЙ ДЕНЬ ПРЕКРАЩАЙ РАБОТУ – И ВО ВРЕМЯ ПАХОТЫ, И ВО ВРЕМЯ ЖАТВЫ РАБОТУ ПРЕКРАЩАЙ. /22/ И ПРАЗДНИК ШАВУОТ СОБЛЮДАЙ.

Соблюдать – это значит, что постоянно на каждом этапе проводить те же исправления, только на новом уровне.

На каждой ступени ты проходишь все те же исправления?

Абсолютно то же самое повторяется!

Ты их забываешь?

Не забываешь – они работают на другом уровне! Они разворачиваются совершенно по-другому!

Дальше говорится вот что:

/23/ ТРИ РАЗА В ГОДУ ПУСТЬ ЯВЛЯЮТСЯ ВСЕ МУЖЧИНЫ ТВОИ ПРЕД ЛИЦО ГОСПОДА, БОГА, ВСЕСИЛЬНОГО БОГА ИЗРАИЛЯ, /24/ ИБО ПРОГОНЮ Я НАРОДЫ ОТ ЛИЦА ТВОЕГО И РАСШИРЮ ТВОИ ПРЕДЕЛЫ, И НИКТО НЕ ВОЗЖЕЛАЕТ СТРАНЫ ТВОЕЙ, КОГДА ОТПРАВИШЬСЯ ТЫ В ПУТЬ, ЧТОБЫ ПРЕДСТАТЬ ПРЕД ЛИЦОМ БОГА, ВСЕСИЛЬНОГО ТВОЕГО ТРИЖДЫ В ГОДУ.

Что значит – «три раза в году»?

Год является определенной ступенью. Есть ступени, которые делятся на дни, недели, месяцы.

Неделя – это совершенно не астрономическое понятие, а духовное. Потом идут месяцы, новолуния. И затем год. Все это известные понятия, они и в то время были известны не меньше, чем сегодня тем, кто правильно работает с Торой.

Речь идет о трех линиях?

Да, о трех линиях. Таким образом человек должен подниматься. Каждая ступень – это год (*шана* на иврите, от *лишанен* – возвращаться), то есть снова подниматься и повторять.

Поэтому и праздники повторяются, и мы проходим их каждый год?

Все повторяется. Но скоро наш мир исчезнет из нашего ощущения. И тогда все это, и ступени тоже, свернется. И раскроется только одно состояние – мир Бесконечности.

Будет только один праздник?

Да. Это называется «один день», то есть сплошной свет.

ТВОРЕЦ ПИШЕТ НА КАМЕННОМ СЕРДЦЕ

Мы заканчиваем главу, которая называется «Когда будешь вести счет». Начинается выход Моше к народу после того, как он получил все завещания, все пожелания, все указания от Творца. И говорится в конце главы:

Глава «Когда будешь вести счет»

/27/ И СКАЗАЛ БОГ, ОБРАЩАЯСЬ К МОШЕ: «ЗАПИШИ СЕБЕ ЭТО, ИБО ЭТО – ОСНОВА СОЮЗА МОЕГО С ТОБОЮ И С ИЗРАИЛЕМ». /28/ И ПРОВЕЛ ТАМ МОШЕ СОРОК ДНЕЙ И СОРОК НОЧЕЙ, ХЛЕБА НЕ ЕЛ И ВОДЫ НЕ ПИЛ, И НАПИСАЛ БОГ НА СКРИЖАЛЯХ СЛОВА СОЮЗА, ДЕСЯТЬ ЗАПОВЕДЕЙ.

Тут говорится: «Провел он сорок дней и ночей, хлеба не ел, воды не пил».

Это подъем малхут в бину.

Сорок – это ступень, когда человек полностью выходит из своего эгоистического состояния (другого у него нет) и поднимается над ним на сорок ступеней – уровень бины, то есть уровень свойства отдачи. Такого удостаивается Моше или любой человек (Тора показывает нам методику возвышения человека до уровня Адама), когда он отказывается от всех своих эгоистических свойств.

Это не значит, что он уходит в отшельничество, постится, перестает заниматься обычными делами и прекращает работать, не имеет семьи – нет! Просто внутри себя он начинает углубляться только в намерение отдачи. Все его дела в этом мире должны продолжаться как обычно, то есть он работает, заводит семью и прочее.

Это забота о необходимом?

Да, но его общение со всем миром выстраивается сейчас только в том направлении, чтобы приблизиться к свойству отдачи.

Все необходимое остается, постепенно отсеивается все ненужное, и он идет дальше. Поднимается так до уровня, когда у него остается только чистое намерение – достичь свойства отдачи. Достижение свойства отдачи и называется «подъемом на сорок ступеней».

Сорок дней не ел и не пил, то есть не занимался получением. Только отдачей. И достиг такого свойства, когда вступает в контакт с Творцом на уровне бины.

Это происходит на сороковой день?

Да.

/28/ ...И НАПИСАЛ БОГ НА СКРИЖАЛЯХ СЛОВА СОЮЗА, ДЕСЯТЬ ЗАПОВЕДЕЙ.

Когда человек поднимается до этой ступени, его желания, его основа уже не эгоистическая. Она обретает возможность принять на себя духовную форму. Поэтому этот как бы камень, эгоистическая основа, принимает форму десяти заповедей и называется скрижалями.

Под воздействием света и Творца моя настоящая суть начинает превращаться в свойство отдачи и любви, выраженное в десяти заповедях. Не я это делаю, но я желал, чтобы это случилось, и довел себя до такого состояния. Вот это и называется, что «Творец пишет на сердце человека».

На каменном сердце?

На каменном сердце человека.

Человек живет с каменным сердцем? Это его жизнь?

Нет. Это просто осознание того, что мое сердце каменное. Но когда я к нему так отношусь, то Творец может делать с ним все, что пожелает. И я хочу, чтобы Он написал на нем, чтобы сформировал, сформатировал его только на свойство отдачи и любви.

То, что Творец производит надо мной, называется, что он пишет десять заповедей на моем сердце – на камне. И мое сердце превращается в скрижали.

Можно сказать – в живое?

Живое сердце, конечно. Из каменного превращается в живое.

МОШЕ С РОГАМИ

Вы можете показать, как до этого дойти? Вы сказали: «Сначала идет осознание, что сердце мое каменное». Это первый этап продвижения?

Это раскрывается не сразу – постепенно. Раскрывается только в той мере, в которой человек может пережить, осознать, согласиться с тем, что это необходимо, что это его естественная, нормальная основа.

Человек благодарит Творца за то, что он создал его таким, потому что именно из этого состояния он может подняться до вершин Творца, до подобия.

В самом начале человек вообще не ощущает, что у него каменное сердце?

Как любой человек в нашем мире, он нормально живет.

Осознание приходит благодаря свечению?

Все приходит только благодаря свечению! Ничего иначе не происходит! От человека не зависит ничего, кроме устремления. Причем устремления в большинстве случаев не осознанного, не оформленного, – просто порыв.

Не надо забывать, что по дороге к этому состоянию человек ощущает себя как властелин мира, как сын Фараона.

Я ощущаю, что все принадлежит мне, что я могу все, что я хочу все, что я имею право на все. Это образно описывается как жизнь Моше во дворце Фараона. В нашем мире это не должно повторяться в вещественном виде.

И теперь идет постепенный отказ от всего этого и подъем до уровня полной отдачи – противоположного свойства.

И дальше говорится:

/29/ И БЫЛО: КОГДА СПУСКАЛСЯ МОШЕ С ГОРЫ СИНАЙ И ДЕРЖАЛ В РУКЕ ДВЕ СКРИЖАЛИ СОЮЗА, СПУСКАЯСЬ С ГОРЫ, – А МОШЕ НЕ ЗНАЛ, ЧТО ЛИЦО ЕГО СТАЛО СВЕТИТЬСЯ С ТЕХ ПОР, КАК БОГ ГОВОРИЛ С НИМ, – /30/ УВИДЕЛ ААРОН И ВСЕ СЫНЫ ИЗРАИЛЯ МОШЕ – И ВОТ: ЛИЦО ЕГО СВЕТИТСЯ, И ПОБОЯЛИСЬ ПРИБЛИЗИТЬСЯ К НЕМУ.

Вокруг этого есть много спекуляций.

Да. Я видел в Женеве изображение Моше с двумя рожками на голове.

Светящийся. Отсюда и пошли иконы, эти лики со светом?

Это все понятно. Тора точно настраивает на изображение. Но иконы пошли не от этого. Иконы пошли от того, что надо было передать информацию неграмотному населению.

Глава «Когда будешь вести счет»

Что говорил товарищ Ленин о кино? «Пока народ безграмотен, из всех искусств важнейшими для нас являются кино и цирк»[3].

Но часть фразы все время отрезали и говорили: «Для нас важнейшим является кино».

Что это значит? Передать в картинках и в живой речи то, что ты не можешь передать письменно, потому что – неграмотные. То же самое с иконами. Если я хочу передать рассказ, то я это делаю в виде комиксов, картинок. И по этим картинкам люди понимают, что происходит.

Чувственные изображения?

Матушка с дитем, там два старика, тут за одним стариком стоит осел, за другим выливается ведро с водой и так далее.

Это условно принятые знаки, это пиктограммы, с помощью которых ты передаешь рассказ таким образом, что точно известно, кто стоит рядом с ослом, а кто рядом с ведром, этот в таком виде, а тот в другом – то есть точно известно, кто они такие. И каждый рисунок говорит о каком-то событии.

Действительно, как комиксы. Вся история в рисунках.

---

3   «То, что "важнейшим из всех искусств для нас является кино", знали все советские люди. Цитата… не полностью отражает то, что Ленин сказал в 1923 году наркому просвещения Анатолию Луначарскому. В исходном виде она звучала так: "Пока народ безграмотен, из всех искусств важнейшими для нас являются кино и цирк".» – Светлана Кузнецова Отделение цирка от государства // Журнал «Коммерсантъ Власть» № 30 от 31.07.2006. – С. 52

Тут нет серии, но это рассказы – «Жития святых», так сказать. Отсюда пошли иконы и вообще все изображение.

Это средство передачи информации в то время, когда ничего другого не было. А рисунки были всегда.

Причем написано, что был Моше? Да. Были у него рога? Да. Лицо светилось? Светилось.

Вот и нарисовал все по тексту.

/29/ И БЫЛО: КОГДА СПУСКАЛСЯ МОШЕ С ГОРЫ СИНАЙ И ДЕРЖАЛ В РУКЕ ДВЕ СКРИЖАЛИ СОЮЗА, СПУСКАЯСЬ С ГОРЫ...

Он спустился, то есть удаляется?

Он нисходит обратно в малхут.

Теперь, получив свет, получив силу для работы с эгоистическим желанием – творением, Моше нисходит для того, чтобы начинать его исправлять. И что он видит в это время?

СЫН НИЩЕГО И СЫН ЦАРЯ

/29/ ...А МОШЕ НЕ ЗНАЛ, ЧТО ЛИЦО ЕГО СТАЛО СВЕТИТЬСЯ С ТЕХ ПОР, КАК БОГ ГОВОРИЛ С НИМ...

Что это значит – Моше не знал?

Он не чувствовал, что наполнился светом хохма, который светится внутри света хасадим.

Это отсутствие ощущения того уровня, на котором находишься. На самом деле человек не ощущает уровень, на котором находится.

Он в этом живет. Поднялся, опустился – это чувствует. Относительно окружения чувствует, – – тогда может себя контролировать. Это как ребенок: он может быть сыном царя, везде бегать и крутиться; а может быть сыном нищего – он не чувствует своего состояния. Так и человек ощущает себя только относительно других.

Так вот, когда Моше спускается с горы, он не чувствует, что обрел ступень бины.

Но ведь человек начинает верить словам других. Вдруг они говорят: «Как ты велик»?

Дело не в этом. Ты спускаешься с этой вершины – с бины, чтобы передать низшим то, что у тебя есть. То, с чем ты идешь к ним, ты не воспринимаешь, как огромную ношу, как твое большое личное обретение, потому что ты это делаешь ради них.

Это то, что мы изучаем: АХАП, который появляется здесь от бины только лишь для того, чтобы отдавать низшему.

Поэтому он себя не ощущает?

Он себя ощущает в свойстве отдачи. А насколько это свойство отдачи сейчас проявляется в нем для физической отдачи низшим, то есть в виде света, исходящего от него, в виде всего того, что в нем есть, – этого он не ощущает. Это ниже его уровня.

Он находится на уровне бины. А бина – это: у меня ничего нет и ничего мне не надо.

Но когда я начинаю спускаться вниз для того, чтобы передать им, мне надо много. Сколько? Сколько надо им, столько я беру с собой.

И снова меня нет в этой связке?

Меня лично в этом нет.

Нет такого вечного понятия «гордыня»?

Нет, со свойства бины и далее – гордыни уже нет. Тут полная отмена. И потому Моше этого абсолютно не ощущает, не видит, не обнаруживает. Остальные – да, а он – нет.

И вот дальше как раз говорится об остальных:
/30/ УВИДЕЛ ААРОН И ВСЕ СЫНЫ ИЗРАИЛЯ МОШЕ – И ВОТ: ЛИЦО ЕГО СВЕТИТСЯ, И ПОБОЯЛИСЬ ПРИБЛИЗИТЬСЯ К НЕМУ.

Да, потому что «светится» – так называется благодать, наверное. Это сияние можно получить только в свойстве отдачи.

Но оно одновременно и отталкивает их от Моше. То, что он желает дать, облечено в свойство отдавать, а у них этого исправления еще нет.

Для них это такая высота, что невозможно приблизиться?

Да. Его нисхождение к ним отталкивает их от него, происходит как бы отступление. Его наступление на них вызывает их отступление от него.

ВСЕМ СТРАШНО

То есть, они не в том состоянии, чтобы стать подобными ему?

У них еще нет этого средства.

И потому этот большой страх?

ГЛАВА «КОГДА БУДЕШЬ ВЕСТИ СЧЕТ»

Да. Это так, как сегодня в мире. Мы должны измениться. Как измениться, к чему измениться? Зачем? Мы уже начинаем понимать, что иначе не выживем, если будем и дальше съедать друг друга. Но как это сделать, и возможно ли вообще? В этом вопрос.

Есть Моше, есть скрижали, он спускается вниз – все боятся, уходят.

Но потом осторожно приближаются к нему и слушают.
/31/ И ПОЗВАЛ ИХ МОШЕ, И ПОДОШЛИ К НЕМУ ААРОН И ВСЕ ВОЖДИ ОБЩЕСТВА, И СТАЛ МОШЕ ГОВОРИТЬ С НИМИ. /32/ А ПОТОМ ПРИБЛИЗИЛИСЬ К МОШЕ И ВСЕ СЫНЫ ИЗРАИЛЯ, И ПЕРЕДАЛ ОН ИМ ВСЕ ПОВЕЛЕНИЯ, КОТОРЫЕ ДАЛ ЕМУ БОГ, ГОВОРЯ С НИМ НА ГОРЕ СИНАЙ. /33/ И КОГДА КОНЧИЛ МОШЕ ГОВОРИТЬ С НИМИ, ТО ЗАКРЫЛ СВОЕ ЛИЦО. /34/ И, ПРЕДСТАВАЯ ПРЕД БОГОМ, ЧТОБЫ ГОВОРИТЬ С НИМ, ОТКРЫВАЛ ОН ЛИЦО СВОЕ, ПОКА НЕ ПРИХОДИЛА ПОРА УДАЛИТЬСЯ, А ВЫЙДЯ ОТТУДА, ПЕРЕДАВАЛ ОН СЫНАМ ИЗРАИЛЯ ТО, ЧТО ЕМУ БЫЛО ПОВЕЛЕНО.

Когда Моше обращается к Творцу и получает от Него, он получает от Творца в два раза больше, чем должен передать.

Мы изучаем, что средний парцуф берет от высшего двойную порцию для того, чтобы самому стать большим, понимающим и имеющим возможность передать маленькую порцию низшему.

Так девочка для того, чтобы родить, должна стать взрослой женщиной. Тогда она может войти в положение роженицы и родить. То, что она рожает, – это нечто маленькое, но она при этом становится взрослой, большой.

Необходимо большое состояние для того, чтобы породить меньшее состояние.

Так и Моше, он достигает большого уровня, светится, находится в связи с Творцом. И все это только лишь для того, чтобы суметь передать низшим всю методику исправления.

Что такое – «он закрыл свое лицо»?

Он скрывает его, потому что они не смогут принять то, что есть у него, иначе, чем через ослабляющий экран.

Допустим, у него решимот «3-2», у них решимот «2-1». Он обязан понизить себя, сделать регрессию на свое состояние. Тогда он станет соответствовать им: потому что вся духовная передача находится в подобии свойств.

Я должен войти, с одной стороны, в контакт с Творцом и поэтому открываю лицо и взаимодействую с Ним.

Потом я должен закрыть свое лицо и, понизив себя, таким образом взаимодействовать с низшим. Все это для того, чтобы соединиться с народом. Моше – посредине между Творцом и народом как проводник.

Вся связь с Творцом была нужна для того, чтобы потом скрыть лицо?

Для этого изначально он и шел, и говорил Творцу: «Уничтожь меня, зачем я», – он отказывался. Это должность, ступень – в ней нет ничего ради себя, абсолютно нет!

Сорок дней не ел, не пил, то есть поднялся на такой уровень, на котором от человека ничего не остается. Кроме информационной записи из его предыдущего кругооборота.

ИСТИНА ОПРАВДЫВАЕТ ВСЕ

Если смотреть на это со стороны, через наше эгоистическое состояние,— сплошные страдания. Но этого очень хочется. Почему?

Воодушевление огромное. Это отрыв от лжи и принадлежность истине. Истина – это единственное слово, которое оправдывает все.

Правда включает в себя состояние, против которого нет ничего. И это единственное, что существует. Все остальное – ложь, наговоры, наветы, выдумки, заблуждения, все придуманное, кажущееся.

Правда – это то единственное, что только существует. И человек может отдать все, чтобы именно этого достичь. Понимаешь, это стоит всего.

Да, я иногда слышу: «Это нелогично… Это не так и то не так…» Я говорю: «Ну что же тебя держит?» А он: «Это истина. Я чувствую, что это истина».

Заканчивается глава так:

/35/ И ВИДЕЛИ ВСЕ СЫНЫ ИЗРАИЛЯ ЛИЦО МОШЕ, КОТОРОЕ СВЕТИЛОСЬ, А ЗАТЕМ СНОВА ЗАКРЫВАЛ МОШЕ СВОЕ ЛИЦО – ПОКА НЕ ПРИХОДИЛ ОН К БОГУ, ЧТОБЫ ГОВОРИТЬ С НИМ.

Постепенно они начинали получать от него маленькие порции света, которые их исправляли, поднимали. Это и есть их движение далее в пустыне, построение Скинии Завета и так далее.

Вы сказали: «…порции света». Мы в последнее время говорим об интегральном воспитании. Имеется в виду, что человек получает маленькие порции света, которые потихоньку будут менять его?

Мы говорим о том, что весь наш мир – это эгоистическое состояние материи. Все существует для того, чтобы сохранять себя в наилучшей форме. Это происходит в неживой, растительной и животной материи.

В человеческой материи это еще более утрировано: я хочу содержать себя в самой наилучшей форме по сравнению со всеми окружающими неживыми, растительными, животными и этими – остальными человечками.

То есть хочу находиться в самом оптимальном, комфортном, наилучшем состоянии. Это состояние я получаю, когда просто «проглатываю» всю Вселенную, и она занимается только тем, что обслуживает мой эгоизм. Вот это естественное устремление человека.

Если бы мы себя видели внутри такими, какие мы есть... Но мы себя сдерживаем, потому что не желаем страдать. Я же не могу страдать от того, что я не Эйнштейн и не Пикассо, и не Нуриев. Я не могу страдать из-за всего этого. Поэтому я и не страдаю. Я забываю, я как бы отрезаю от себя это. Ну, не получилось из меня Льва Толстого или Шекспира, ну, не получилось.

И не стоит мне зря страдать. Поэтому эгоизм выстраивает мощную защиту от этих страданий. Но! Там, где я все-таки нахожусь, там я желаю урвать все и все подчинить себе. Это наша природа. В общем, человек хочет проглотить все.

Изменить эту природу самостоятельно мы не можем. Эта природа создана и поддерживается в нас, в этом огромном пространстве, благодаря силе, которая называется «свет». Эта сила не видима, не ощущаема ни в каких наших органах чувств. Все время она поддерживает эгоизм, создает его и развивает.

Глава «Когда будешь вести счет»

Внутри эгоизма находится отдельная точка, не относящаяся к нему, – точка анализа этого эгоизма. Свет, когда он светит на эгоизм, он светит и на эту точку. И эта точка начинает развиваться, чувствовать, выяснять, где я нахожусь. «Я нахожусь внутри какой-то природы? Я нахожусь внутри себя? Кто я и где я нахожусь?», – спрашивает эта точка.

Если она развивается в человеке серьезно (в каждом из нас она существует, но в ком-то она сильнее, в ком-то слабее). Если она серьезно развивается, то человек начинает задаваться вопросом: «Для чего мне это все, зачем, откуда?»

В человеке возникают вопросы к свету: «Зачем ты меня создал? Для чего? Если я должен быть в том виде, в котором нахожусь сейчас, то я тебя проклинаю. И все свое существование, и тебя как мой источник. Если не для этого, а для чего-то другого, – для чего? Я требую от тебя объяснения».

Когда человек настойчиво требует от света, от Творца объяснения, тогда он начинает выходить с Ним на контакт.

Через эту точку?

Да, эта точка и есть человек.

Человек оставляет эту эгоистическую глыбу в стороне?

Да, тут все ясно: это мое животное состояние, моя жизнь, моя природа. Что меня может интересовать? Моя собственная природа и энное количество лет максимально комфортного существования: меньше вкладывать и больше получать наслаждений?

Или второй вопрос: кто я такой, кто создал меня, управляет мной? То есть идет устремление к своему корню, к своему источнику. Это наивысшее устремление, которое может быть в диполе эгоизма и точки, которая может развиться.

Развившейся точке можно сразу же дать методику ее не эгоистического развития, которое происходит только привлечением света. Я хочу, чтобы свет пришел ко мне, чтобы он на меня больше влиял, чтобы он раскрылся. Раскрылся в логике, в понимании, в ощущении, раскрылся в его последовательности, целях и планах относительно меня. Я хочу, чтобы все раскрылось. Это источник силы, информации – всего.

Вот этого требует точка – точка в сердце, «человек» во мне. И тогда ему дается Тора.

И дается имя Моше?

Да. И он уже начинает с этим работать.

Это очень цельное и точное объяснение.

НАВСТРЕЧУ ЧЕЛОВЕКУ, КОТОРЫЙ НАС НЕ ЖДЕТ

Те, в ком просыпается это стремление, должны ценить его и очень бояться, что оно уйдет, и я снова останусь просто каменной глыбой или животным.

У них есть ощущение, что это не уйдет?

Может уйти. Мы же видим, сколько людей уходят. И погружаются во что угодно. И проклинают то время, когда были с нами. Почему ушли, почему проклинают? Сами не знают.

Они уже не ассоциируются с этой точкой? Но как это происходит, что точка ведет?

Все поколение, вышедшее из Египта, должно умереть, и только родившиеся в пустыне доходят до Земли Израиля.

Объясните, *почему* сорок лет надо исходить по пустыне.

Все умрут, или уйдут, или переродятся – родят из себя новых людей, которые придут к этой точке бины.

Что значит – «родят из себя новых людей»?

Они подставят свету эту точку так, что из нее возникнет цельный образ Адама – подобие Творцу.

Что значит – «все остальные умрут»?

Все остальные свойства в человеке отомрут. Или как мы видим в нашем мире: один из тысячи выходит к свету.

Мы все время искали эти точки? Это было нашим постоянным пассивным распространением?

Нет. Мы все время занимались распространением каббалы.

Я назвал это пассивным: ты положил книгу – кто-то взял ее, услышал – пришел. Так вообще все и пришли.

Да.

Сейчас мы не ждем, что эта точка проявится в человеке, мы идем навстречу тому, кто не ждет нас. И начинаем пробуждать в нем эту точку. У нас цель – пробуждение этой точки? Почему Вы считаете, что это правильно – такой атакующий стиль?

Я не атакую. Я не считаю, что атакую. Я прихожу к человеку, и мое первое побуждение – не насиловать его, а определить вместе с ним его страдания, его стремления, не исполнившиеся и не сбывшиеся желания.

Помнишь: «Мне бесконечно жаль твоих несбывшихся желаний», – вот такой романс у меня с ним возникает.

После этого я вместе с ним: сочувствую ему, солидаризируюсь с ним, понимаю его страдания. Понимаю, что в их основе лежит безысходность, никчемность.

Он себе в этом не признается. Он говорит: «Мне не хватает того и того, а вот это не так в моем окружении. У меня нет ощущения безопасности. Смотрите, что происходит с моими детьми, внуками, со мной. А что творится с погодой, с электричеством, с водой и вообще со всем». Он и про большую политику все расскажет, расхаживая по дому в трусах, хотя она его вовсе не касается.

Все вместе – это и есть ощущение никчемности, безысходности, пустоты, бесцельности. И подсознательно оно выражается в претензиях ко всему и вся. Будто бы дай ему это, и все будет хорошо.

Вы считаете, если даже он все это получит, то сразу найдет следующую претензию, «недостачу»?

Конечно! А если дать ему цель, понимание того, что все не кончается, все целенаправленно, все прекрасно? Эта цель будет превалировать над всеми его претензиями.

Сегодня, когда люди находятся в более или менее нормальном состоянии, от голода не умирают, – возможно сделать все. А для тех, кому плохо и действительно не хватает самых основных вещей, мы не можем ничего сделать до тех пор, пока сами не исправимся, пока не начнем объединяться и думать друг о друге.

ГЛАВА «КОГДА БУДЕШЬ ВЕСТИ СЧЕТ»

В мире избыток всего, но есть места, в которых половина населения голодает, – там нет ничего, и причина одна: мы не связаны друг с другом.

Так что я уже не могу успокаивать себя тем, что можно это сделать другим путем. Нельзя! Поэтому сегодня выход в мир уже является настоятельной потребностью.

И самое главное – это ужасный кризис. Я вижу его немножко вглубь. Он вызывает у меня не ужас, конечно, потому что у меня его нет. Но если смотреть на кризис глазами простого человека – это дамоклов меч, это цунами, что-то такое, что неумолимо приближается. Представь себе стены этой студии, как они рассыпаются, и огромная волна накрывает нас. И все.

С кризисом это именно так. Причем, неотвратимо! Впереди ждут или огромные страдания, которые вынудят нас исправиться, или наши объяснения предотвратят эти страдания и помогут начать исправление еще до того, как мы начнем их ощущать.

ЛЮДИ ПРИВЫКЛИ К ТОМУ, ЧТО БУДЕТ ВОЙНА, ЧТО МЫ УМРЕМ

Но ведь животные убегают перед цунами.

Они их чувствуют, а нам не позволяет чувствовать наш эгоизм. Он врет нам! Он говорит: «Все нормально!»

Животные в нашем состоянии не смогли бы существовать! Мы находимся в состоянии, худшем, чем животные. Мы же не связаны с природой. Нам, чтобы быть связанными с природой, надо приобрести свойство отдачи, уравновесить им свой эгоизм. Тогда мы встали бы на уровень Моше, разговаривали бы с Творцом.

Тогда это был бы высший инстинкт? Соединение с природой дало бы нам возможность противостоять приближающемуся цунами?

Мы бы правильно убегали от проблемы, правильно бы шли к доброму решению. Наш эгоизм нас постоянно путает. И мы сами себе портим жизнь. Но сейчас это становится по-настоящему угрожающим. Очень страшно!

Я никого не пугаю. Я говорю то, что и так известно в мире. Люди просто свыклись, что будет война, что будут проблемы, что мы умрем.

Да, многие говорят сегодня: «Я уже ни во что не верю».

Апатия: дай спокойно прожить сегодня, даже если завтрашнего дня не будет, нет – так нет. Ощущение полнейшей беспомощности, невозможности что-то сделать с этой жизнью, с этим человечеством, со всем, к чему мы пришли, что мы натворили.

Нас даже не волнует, что будет с нашими детьми и внуками.

Сегодня – уже нет. Никогда не было такого состояния, в котором человек не хочет иметь детей, не желает о них думать и заботиться: как есть, так и есть. Я спокойно уезжаю куда-нибудь подальше. Так и дети оставляют родителей. Или дети становятся инфантильными, хотят остаться с родителями и в 30-40 лет жить вместе с ними.

Это такая стадия развития эгоизма, который уже нуждается в исправлении.

Можно из всего этого сделать оптимистический вывод?

Оптимистический вывод состоит в том, что мы расскажем всему миру, что у нас в руках есть скрижали. Мы откроем немножко забрала и покажем им свой светящийся лик. Забодаем их своими светящимися рогами.

И скроем лицо.

Да. И все будет хорошо. Приведем их в нужное состояние, то есть усадим вместе в кружок. «Закурите трубку мира и живите впредь как братья».

Глава
«И СОБРАЛ»

СБОРКА ДУШИ

Очередная глава называется «И собрал» – «Ваякхель». От слова на иврите *кеила* (община).

До этого момента мы читали, как Творец приказывал Моше, что делать. В главе «И собрал» Моше спускается к народу. И повторяет слова Творца.

/1/ И СОЗВАЛ МОШЕ ВСЕ ОБЩЕСТВО СЫНОВ ИЗРАИЛЯ, И СКАЗАЛ ИМ: «ВОТ ЧТО ПОВЕЛЕЛ БОГ СДЕЛАТЬ: /2/ ШЕСТЬ ДНЕЙ МОЖЕТ СОВЕРШАТЬСЯ РАБОТА, А ДЕНЬ СЕДЬМОЙ ДА БУДЕТ СВЯТ ДЛЯ ВАС, ДЕНЬ ПОЛНОГО ПОКОЯ, ПОСВЯЩЕННОГО БОГУ; ВСЯКИЙ, КТО СОВЕРШАЕТ В ЭТОТ ДЕНЬ РАБОТУ, БУДЕТ ПРЕДАН СМЕРТИ. /3/ НЕ ЗАЖИГАЙТЕ ОГНЯ ВО ВСЕХ ЖИЛИЩАХ ВАШИХ В ДЕНЬ СУББОТНИЙ».

Мы снова возвращаемся к субботнему дню. Почему он стоит как корона?

Изначально мы имеем дело с эгоистическими желаниями человека или общества. Всегда Тора и мы говорим только об этом.

Все, что мы должны сделать, – это преодолеть свой эгоизм и над ним собраться вместе в одно единое целое. Так глава и называется – «И собрал». Моше собирает: идет сборка всех разрозненных, отдаленных, антагонистических частей общей души. Мы должны собрать вместе, в одну единую душу части, которые находятся в каждом из нас.

Когда мы собираем эти части вместе, то начинаем их строить. Их создание, сборка происходят под воздействием Высшего света, который называется *ор макиф* (окружающий свет).

Глава «И собрал»

Вокруг нас существует свойство отдачи и любви Творца. Если мы пытаемся быть подобными Ему, то в мере нашего усилия Он воздействует на нас и помогает нам собраться вместе, в интегральном состоянии.

Когда мы собираемся вместе, то начинаем видеть, как наши взаимные свойства создают нечто цельное, какой-то цельный образ. В каббале он называется *парцуф* – блок, строение.

Парцуф состоит из сфирот: хэсэд, гвура, тифэрэт, нэцах, ход, есод и седьмая – малхут. Мы работаем шесть дней. Хэсэд, гвура, тифэрэт, нэцах, ход, есод – это то, что мы должны собрать вместе.

Сборку заканчивает свет, который действует на наши усилия в течение шести дней работы. В седьмой день нам ничего не надо делать. Уже свет производит свою работу.

Ты собираешь шесть частей, а потом даешь возможность свету сделать спайку между ними. Свет склеивает все вместе, и у тебя получается законченный блок души, которую ты собрал из разрозненных частей.

Закончилась неделя – начинается следующая. Еще одна часть, еще одна – и так ты собираешь всю общую душу. За определенное количество таких операций достигаешь того, что этот духовный образ, духовное собрание частей, становится одним целым, образом человека – Адама. Слово *Адам* происходит от *домэ* – подобный, подобный Творцу.

Таким образом достигается полное исправление человечества. К этому нам надо прийти.

Суббота – самый святой день. В этот день свет воздействует на наши усилия и заканчивает их. В течение шести дней мы поставляем свету работу, и в седьмой день Он ее делает.

Если же мы продолжаем работу и в седьмой день, то тогда как бы подтверждаем разбиение души, разбиение Адама.

Почему работа в седьмой день подтверждает разбиение души?

Потому что мы пытаемся работать вместо света, сами собирать дальше. И это огромнейшее нарушение всей системы исправления: часть работы делаешь ты, часть работы делает свет.

Если ты сам делаешь всю работу, ты как бы не признаешь Его, получается?

Не только не признаешь, ты вносишь еще большее разрушение. Ты еще больше взаимно отталкиваешь все части, которые собирал в течение шести дней. Лучше оставайся на том же месте, чем, делая эту сборку в течение недели, продолжать в седьмой день. Этим ты отрицаешь всю систему исправления, всю методику, все движение вперед.

Остановиться на шестом дне, закончить здесь свои усилия и дать возможность свету спаять все части вместе, склеить их – на самом деле это тоже работа человека, а не просто отдых.

«День отдыха чтобы был у вас», как сказано. Но это не просто отдых. В это время ты ощущаешь постепенное, наконец-то, объединение всех вместе в одно общее целое, соединение всех шести частей. Ты заканчиваешь эту духовную ступень.

Далее идет следующая ступень, и следующая – так неделя за неделей.

ГЛАВА «И СОБРАЛ»

В СУББОТУ РАБОТАЕТ СВЕТ

Это и есть внутреннее понимание? Религиозное еврейское понимание – материализация всех этих вещей...

То, что производят религиозные евреи в своей жизни, это отражение в нашем мире того духовного действия, которое призывает делать каббала. Призывает, потому что суббота и есть самое главное действие.

Это не значит, что в нашем мире ты просто сидишь в субботу и ничего не делаешь, – сложил руки. В течение шести дней ты производишь исправления своего эгоизма, своей связи с другими, налаживаешь явную связь с ними. В седьмой день – понимаешь, что на самом деле ты не в состоянии соединить людей вместе.

Мы видим, коммунизм, социализм, коммуны, киббуцы ничего не могут сделать. Результат дают только лишь действия по схеме: шесть дней ты правильно собираешь все части, объединяешь их вместе. А в седьмой день ты настолько накопил все свои желания, устремления к сборке, что они склеиваются именно под воздействием той высшей силы, которая когда-то их разрушила.

Шесть дней ты их собираешь и тем самым даешь возможность свету, который их разбил, заново склеить их.

Чего при этом ты достигаешь? Когда работаешь в течение шести дней, ты начинаешь понимать, каким образом сходятся или не сходятся части, подходят или нет друг другу эти люди, каким образом они должны взаимодействовать, помогать, отменять себя друг перед другом, соединяться между собой над своим эгоизмом.

Но сам ты не можешь их собрать. То, что хотели сделать в советской России и в других странах в мире, то, что и сейчас пытаются осуществить различные общества, – это все безрезультатно! Это невозможно, у нас нет такой силы.

Мы все находимся только лишь в эгоистическом свойстве. Но если ты все делаешь правильно и вызываешь при этом постепенное накопление высшего света, то после того, как ты закончил создание этой структуры, свет воздействует на нее и завершает работу.

Получается, что на меня возлагаются только попытки делать, а все завершает свет?

Да. Я должен приготовить свету эту работу.

Если я говорю, что я могу сделать сам, то это моя ошибка?

Ты при этом не постигаешь связи с ним. Ведь самое главное заключается в ответе на вопрос, почему произошло разбиение.

Почему сейчас из этого разбитого «корыта» должны склеить новое, цельное? Для того чтобы понять свойства света, чтобы соединиться, подняться на его уровень. В этом заключается цель всего, что происходит с нами и со всем космосом, и со всей нашей историей.

Поэтому седьмой день действительно является краеугольным и называется день субботний. День особый и в том, что у него даже нет цифрового названия. В иврите есть первый, второй, третий, четвертый, пятый, шестой дни недели, а седьмой называется отдельно – шаббат.

Шаббат происходит от слова *швита* – освобождение от работы. Ты даешь свету работать вместо тебя и включаешься в него. Причем, речь не идет о днях. Это действия. Все эти шесть действий мы можем сделать в течение, скажем, пятнадцати минут. А можем за два месяца.

То есть семь этих частей могут быть в каждой капле творения?

Да. И всегда седьмая ступенька, подступенька из этих шести подступенек, должна быть такой: в дополнение к тому, что ты приложил усилия, ты смотришь на действия света и начинаешь постигать его свойства. Эти свойства входят в тебя, в систему взаимной связи с другими людьми, которую ты создал.

Получается, что ты поднялся на следующий уровень к свойствам света согласно тем усилиям, которые приложил в течение шести дней. В этом и заключается, практически, процесс исполнения. Весь процесс исправления!

Так неделя за неделей, неделя за неделей, пока из все больших частей не достигаем полного объединения всех частей единой души в одну душу. Тогда постигаем свет, который в ней действует, то есть Творца – созидающую силу всего мироздания. В этом заключается наша работа и цель, наше движение вперед.

Вы говорите, что даже в одной капле, в каждой минуте может быть семь этих составляющих?

Везде.

То есть это постоянная работа? Шесть частей – участвуем мы, седьмая – дополняет Он?

Да. Абсолютно! Любая часть в свою очередь неисчерпаемо состоит из этих частей. В каббале говорится, что каждая сфира делится на десять, еще на десять, еще на десять и так далее.

ПОЛУЧАЕТСЯ БОЛЬШОЙ РОМАН

Природа нам тоже это доказывает. В каждой капле морской воды содержатся все составляющие моря.

Да. Но наша работа здесь – дополнить и разъяснить людям систему.

Мы действуем в сфирот: хэсэд, гвура, тифэрэт, нэцах, ход, есод, а затем идет малхут – последняя сфира, суббота. Когда приходит свет, он дополняет нас своим свойством – еще тремя высшими сфирот: кетэр, хохма, бина.

Получается: кетэр, хохма, бина, затем идет то, что мы делали, прилагали свои усилия: хэсэд, гвура, тифэрэт, нэцах, ход, есод и малхут – последний день. Десять сфирот – полная система.

То есть в момент как бы надевания обуви – малхут, тут же присоединяется голова – три сфиры сверху? Получается десятка?

Да. Свет, когда светит, заканчивает ее. Без него наша работа заключается только в шести свойствах: хэсэд, гвура, тифэрэт, нэцах, ход, есод.

Весь свет, он и называется Тора, приходит и выполняет работу после того, как мы даем ему предварительное усилие на соединение вместе, – в этом заключается вся система исправления. Только в этом, и больше ничего!

Дальше идет только понимание: в каких свойствах, каким образом объединять связи между нами; как мы должны соединяться, при каких условиях; какой эгоизм при этом возникает в нас, какие всевозможные стили, меры, разные по своей высоте и проявлению.

И получается роман – очень большой и емкий, хотя, в итоге, сами действия очень простые.

ГЛАВА «И СОБРАЛ»

Так и наша действительность: все состоит из электронов, позитронов, нейтронов. Но когда они объединяются вместе во взаимности, тогда возникает огромная и очень сложная картина, которая сама по себе всегда предсавляет собой все те же десять сфирот.

Поэтому когда усваиваешь принцип, то легко подойти к любой части творения и понять, как она должна работать в правильном состоянии. Определить, в чем заключается ее сегодняшнее неправильное состояние, и каким образом надо повернуть ее эгоизм для связи с другими так, чтобы подставить его под свет, чтобы он прошел свое исправление.

Все говорит о наших шести попытках исправлений? И седьмое деействие, ударное – помощь сверху – дополняет систему до десяти сфирот?

Да. Но в течение шести дней мы начинаем осознавать, что в итоге только свет может нас соединить. Поэтому необходимы шесть дней работы. Причем постепенной и последовательной работы именно в этом порядке: хэсэд, гвура, тифэрэт, нэцах, ход, есод. Может быть, когда-нибудь мы сможем разобрать каждую из них. Изначально этих свойств нет в нас, они обретаются именно в соединении с другими.

Почему, соединяясь с другими, мы начинаем обретать эти свойства? У меня есть свой эгоизм, у тебя – свой. Когда мы начинаем сближаться друг с другом, то на соединении между нами возникают эти свойства, альтруистические и эгоистические, они переплетаются между собой. Это похоже отчасти на политическую, может быть, на интеллектуальную или психологическую игру.

Когда мы изучаем себя во взаимосвязи: кто мы и что мы, – именно взаимное включение является самым главным.

В результате взаимного включения между нами постепенно создается сначала хэсэд, гвура, дальше – тиферэт, и переплетаются всевозможные свойства. Каждый при этом начинает раскрывать себя, кто он такой, но это возможно только относительно другого.

Я могу раскрыть себя только относительно тебя, ты – себя только относительно меня. Эти свойства, которые взаимно проявляются в нас, называются хэсэд, гвура, тиферэт, нэцах, ход, есод и находятся на границе между нами. Они являются пограничным слоем, создаваемым нами. Когда приходит свет, он их склеивает, – и таким образом склеивает нас вместе. Эгоизм оказывается снаружи, и остается только эта склейка.

К шести сфирот добавляется малхут. Малхут собирает вместе шесть свойств, склеивает их и таким образом добавляются еще три верхние сфирот – кетэр, хохма, бина, которые представляют собой свойство света. Получается законченный духовный объект.

6000 ЛЕТ... А ЧТО ДАЛЬШЕ?

Когда говорят, что этот мир будет существовать шесть тысяч лет, тоже исходят из шести частей нашей работы?

В конце работы мы понимаем, что только свет может завершить ее. Это начинается седьмое тысячелетие?

Да, седьмое тысячелетие – это уже полный свет, который заполняет абсолютно весь этот огромный орган – всю душу – и начинает поднимать ее к следующему уровню, к восьмому тысячелетию, к девятому и к десятому. Это уже огромнейшее полное исправление.

Что значит восьмое, девятое и десятое тысячелетие? Мы ведь еще не работали над тремя верхними сфирот:

кетэр, хохма, бина. Тогда мы и начинаем работать над ними: сначала бина, потом – хохма и далее – кетэр.

Работа над ними еще предстоит?

Да. Но уже после исправления общей души, когда Адам, разбитый на кусочки, себя исправил и становится против Творца как созданный Им в исправленном состоянии.

Теперь Адам находится в силах, в понимании, в осознании того, что сейчас может постичь Творца. И тогда он поднимается на эти три высшие сфирот, которые являются свойствами самого Творца. Он обретает их.

Восьмое, девятое, десятое тысячелетия – это Адам со всем опытом прошедших страданий стоит напротив Творца и идет уже на полный контакт с Творцом?

Да. И это тоже перед нами, никуда не денемся.

Падение Адама, это присоединение…

Это только для того, чтобы закончить шесть тысяч лет и через седьмое тысячелетие начать подъем в восьмое, девятое, десятое.

Самое главное – закончить всю картину. Тогда мы входим в иное мироздание, в иное измерение, – мы начинаем работать с этим. Затем восьмое тысячелетие, девятое и десятое – это совершенно другие, новые измерения.

Мы даже не знаем, какие далее следуют высоты. Ты входишь в состояние, которое предшествовало твоему созданию.

Есть люди, которые ощутили седьмое, восьмое, девятое, десятое тысячелетие?

Да, есть. Бааль Сулам, исходя из того, что он пишет, относится к этим душам. За всю историю есть немало душ, которые достигли этих состояний.

Мы обязаны достичь их в массе, потому что подошли к периоду, когда начинается абсолютно полное исправление всех частей разбитой души.

Каббалисты сделали свою часть: в разбитую душу они включили себя как части, которые закончили свою подготовку и сделали свое исправление во всей душе, в каждой из ее основных частей.

Теперь надо дополнять их и наполнять всю душу более мелкими массовыми исправлениями. Допустим, уже есть внутренние органы, которые работают: сердце, почки, печень, легкие. Сейчас весь организм начинает постепенно к ним присоединяться и оживать. После их предварительной работы мы являемся организмом, который начинает возвращаться к жизни.

ПРИНОШЕНИЯ ЩЕДРЫХ СЕРДЦЕМ

Моше передает народу все, что повелел ему Творец. И просит, чтобы они начали приносить приношения, чтобы сделать Шатер Завета.

/4/ И СКАЗАЛ МОШЕ ВСЕМУ ОБЩЕСТВУ СЫНОВ ИЗРАИЛЯ: «ВОТ ЧТО ПОВЕЛЕЛ БОГ, СКАЗАВ: /5/ ВОЗЬМИТЕ У СЕБЯ ПРИНОШЕНИЕ ДЛЯ БОГА, ВСЯКИЙ ЩЕДРЫЙ СЕРДЦЕМ ПУСТЬ ПРИНЕСЕТ ПРИНОШЕНИЕ БОГУ: ЗОЛОТО, И СЕРЕБРО, И МЕДЬ, /6/ И ГОЛУБУЮ ШЕРСТЬ...»

Все время произносится: «Всякий щедрый сердцем пусть принесет приношение Богу».

Глава «И собрал»

Эгоизм – это наше сердце.

Щедрый сердцем – тот, в сердце которого уже проявляется движение, какое-то устремление к отдаче, к связи, к любви, который понимает, что невозможно существовать в эгоистическом свойстве.

В наше время через страдания мы уже осознали, что как-то по-другому надо изменять человечество, нашу природу, общество, вообще все связи между нами. Мир достаточно развился и настрадался, чтобы разочароваться в эгоистическом пути своего дальнейшего развития.

Щедрый – значит, отдающий? К эгоисту (говорится о сердце) прибавляется слово «щедрый»?

Щедрый сердцем. То есть происходит признание моей эгоистической природы и работы над эгоизмом.

/20/ И ВЫШЛО ВСЕ ОБЩЕСТВО СЫНОВ ИЗРАИЛЯ ОТ МОШЕ. /21/ И ПРИШЛИ – КАЖДЫЙ, КОГО ПОДВИГЛО СЕРДЦЕ ЕГО, И КАЖДЫЙ, КОГО ПОБУДИЛ ДУХ ЕГО, ПРИНЕС ПРИНОШЕНИЕ БОГУ ДЛЯ УСТРОЙСТВА ШАТРА ОТКРОВЕНИЯ, И ДЛЯ ВСЕГО СЛУЖЕНИЯ В НЕМ, И ДЛЯ СВЯЩЕННЫХ ОДЕЖД.

Ты отрываешься от своего эгоизма. У тебя ничего нет кроме эгоизма! Ты должен что-то оторвать от него и принести в общий котел.

Из этих приношений создается общее кли, общий сосуд, который называется храмом, или Скинией Завета. Речь не идет о каких-то материальных образах – это то, что мы создаем между собой.

Допустим, мы находимся в группе и создаем центр группы, куда вкладываем все свои чаяния, усилия, надэгоистические устремления, – это и является щедростью нашего сердца.

То, что собираем вместе, называется приношением, которое мы должны сделать.

Говорится:

/22/ И ПРИШЛИ МУЖЬЯ С ЖЕНАМИ – КАЖДЫЙ, ЩЕДРЫЙ СЕРДЦЕМ, ПРИНЕС БРАСЛЕТЫ, И КОЛЬЦА, И ПЕРСТНИ, И НАТЕЛЬНЫЕ УКРАШЕНИЯ...

Драгоценности, которые дороги для эгоизма. Именно этим ты должен пожертвовать, чтобы создать общую часть души, в которую может войти свет.

Пожертвованием называется то, что я отрываю от себя. Жертва на иврите – *курбан*. *Курбан* происходит от слова *каров* – сближение. С одной стороны, я отрываю от своего эгоизма, но, с другой стороны, я приближаюсь.

То есть в этой боли есть радость?

Да. Я приближаюсь к Творцу. Со всеми вместе я стараюсь создать такое условие, чтобы свет проявился в нас именно в центральной части между нами, где все соединены вместе.

Наш эгоизм мы отталкиваем и сближаемся только альтруистическими частями, щедростью сердца – частью сердца, которая может войти в контакт с другими. Это центральная, надэгоистическая часть.

Получается, у нас есть разрозненные эгоистические части и общая альтруистическая, в которой мы сливаемся вместе, там нет никого отдельно. Она становится абсолютно единым общим целым. Когда? В седьмой день. И этим заканчивается исправление.

Глава «И собрал»

Вы говорите: «Подумайте о центре группы, соединитесь в центре группы», – именно это Вы имеете в виду? То есть отдайте от себя самое ценное и переложите в центр группы?

Да. Человеку вообще не жалко потратиться ни на что. Но если ему надо отдать это в общее, туда, где он теряет, где это становится общим достоянием, то он не может отдать!

Человек может отгулять в ресторане с товарищами и заплатить значительную сумму, – все нормально. Но когда ему нужно отдать эту же сумму для общего достояния, у него просто дрожит рука.

Отдать даже часть этой суммы. Здесь включаются совершенно другие силы. Причем тут не имеется в виду щедрый человек или нет, просто он не может этого сделать, потому что это – антиприродное действие! Антиприродное! Это страшное дело!

Только постепенное воздействие света приводит к тому, что человек все-таки отдает. Но это очень тяжело! Я это понимаю и вижу на учениках, и на себе ощущал очень сильно!

Чем выше поднимаешься, тем эта десятина, то есть своя часть, которая должна раствориться в остальных, становится все тяжелей.

С одной стороны, вроде бы ты больше понимаешь, осознаешь, и у тебя уже есть подпитка, уверенность. Но, с другой стороны, все равно это тяжелее. Вплоть до того, что ты достигаешь свойства коэна, когда у тебя нет ничего, то есть у тебя есть весь мир, – и ты все должен отдать!

Это ступени очень большие.

Эгоизм никуда не исчезает. Все время ты находишься над ним и в работе над ним. А эгоизм, слава Богу, растет и растет.

Где здесь седьмое тысячелетие? Где оно в этом соединении с центром группы, о котором мы говорим?

Седьмое тысячелетие – когда все вместе сливаются, расплавляются, как золотые украшения, и стекают вместе. Вместе бурлят и переливаются – это седьмое тысячелетие. И потом над ним начинается постижение Творца – восьмое, девятое, десятое тысячелетие. Ничего другого, кроме этих действий, нет.

В ТЕНИ ТВОРЦА

Мы выясняли, что такое шесть и семь, говорили о шаббате и семи тысячелетиях. Вдруг оказалось, что внутри всей этой сложности лежит большая простота. Продолжим чтение. Моше представляет народу Бецалеля: /30/ И СКАЗАЛ МОШЕ СЫНАМ ИЗРАИЛЯ: «СМОТРИТЕ, ПРИЗВАЛ БОГ БЕЦАЛЕЛЯ, СЫНА УРИ, СЫНА ХУРА, ИЗ КОЛЕНА ЙЕУДЫ, /31/ И ИСПОЛНИЛ ЕГО БОЖЕСТВЕННЫМ ДУХОМ, МУДРОСТЬЮ, РАЗУМЕНИЕМ, И ВЕДЕНИЕМ, И ТАЛАНТОМ К ЛЮБОМУ РЕМЕСЛУ: /32/ ИСКУСНО ТКАТЬ, РАБОТАТЬ ПО ЗОЛОТУ, И ПО СЕРЕБРУ, И ПО МЕДИ, /33/ И РЕЗАТЬ КАМНИ ДЛЯ ВСТАВЛЕНИЯ В ОПРАВЫ, И РЕЗАТЬ ПО ДЕРЕВУ – К ЗАНЯТИЯМ ВСЕМИ РЕМЕСЛАМИ. /34/ И ТАЛАНТОМ РУКОВОДИТЬ ДРУГИМИ ОДАРИЛ ОН СЕРДЦЕ ЕГО...»

Бецалель – это свойство, которое может творить?

Бецалель – это свойство, которое понимает, как надо собирать вместе разрозненные осколки души и создавать из них правильное соединение: где склеивать, ткать, резать, соединять, подгонять. Это работа ваятеля, когда из всего разбитого, разрозненного создается целое.

Возьми сейчас человечество. Ужас, что происходит! Это даже не хаос, это антагонистически управляемая жесткая система.

Начни сейчас что-то с этим делать. Ты не можешь привести систему к нулю и отсюда начинать исправлять, как, допустим, ты остановил бы неисправную машину и начал проверять, по частям собирать детали.

Вся современная система постоянно работает, изменяется! И по ходу дела одновременно с переменами в ней ты должен видеть, какие исправления можешь внести в каждый момент ее неправильного движения, чтобы постепенно исправлять ее. А она будет постоянно сопротивляться этому.

Допустим, сейчас ты сделаешь что-то с политической системой, системой банков, педагогики, воспитания, попробуешь решить сложные проблемы с религиями и разными верованиями – со всем тем, что есть в людях. Но ведь мгновенно захотят это переделать, опять поставить на эгоистические рельсы.

И как же это все исправлять?! Каким образом можно начать что-то делать? Ведь система продолжает эгоистически катиться вперед. Как можно вносить в нее изменения, которые эгоизм уже не сможет подмять под себя и использовать ради себя? Как твои исправленные маленькие вкрапления будут менять эгоизм, хотя он и властвует над всем?

Это совершенно новая парадигма! Как ею овладеть?! Как двинуться к решению?! Допустим, даже если бы дали эту возможность! Но здесь же включается еще и состояние, когда тебе никто и ничего не дает! Кто ты такой вообще?! Ты же никто! Ты просто понимаешь, что мир надо изменить. А как?!

Поэтому в нас есть такое свойство, которое называется «Бецалель». Бецалель – это *бе-цель Эль*, в тени Творца.

Бецалель – это тот, который может создать свое состояние таким, чтобы постоянно находиться в тени Творца, поставить себя так, чтобы Творец работал, а он был бы Его тенью. Именно поэтому он может правильно создать, соткать, склеить все эти части. Он знает, потому что идет за Творцом.

Бецалель – это полная отмена?

Полная отмена себя и полное совпадение с тенью Творца. Как тень движется за человеком, так и Бецалель двигается за Творцом.

Благодаря такой отмене, такому сближению, склеиванию, слиянию с Творцом, человек в состоянии начинать изменять мир, в состоянии формировать центр исправленного мира. Вокруг этого потом создается все остальное.

У меня возникла ассоциация. В самом начале (Берешит) из хаоса вдруг начинает возникать мир. Здесь Бецалель, как тень Творца, делает то же самое: из хаоса, из массы принесенных желаний начинает выстраивать…

Да. Но не своим разумом, не своими силами – только лишь находясь в слиянии с Творцом, в тени Творца. Только лишь ориентируясь по Творцу! И тогда у него получается.

Глава «И собрал»

Творец действует в нем, внутри него. Поэтому Бецалель называется мудрый сердцем, могущий…

И ИСПОЛНИЛ ЕГО БОЖЕСТВЕННЫМ ДУХОМ, МУДРОСТЬЮ, РАЗУМЕНИЕМ, И ВЕДЕНИЕМ, И ТАЛАНТОМ К ЛЮБОМУ РЕМЕСЛУ.

Это и есть исправление. Именно потому, что он – *бецель Эль*, в тени Творца.

В человеке есть эта точка?

Бецалель есть, конечно. Но это не человек. Это свойство в нас.

Когда мы вместе соединяемся в центр группы, то находим в нем свойство Бецалель, с помощью которого можем действовать дальше.

В этом центре мы строим Храм?

Да. Есть сосуд, и в него все собирается до тех пор, пока мы не достигаем свойства, в котором раскрывается свечение – это Творец.

Бецалель – это самый центр, получается?

Да. Но со стороны сосуда. А в нем светит Творец.

Здесь еще продолжение:

И ТАЛАНТОМ РУКОВОДИТЬ ДРУГИМИ ОДАРИЛ ОН СЕРДЦЕ ЕГО.

Бецалель собирает все части, которые готовы собраться вместе, и правильно соединяет их.

Это то, чего сегодня мы практически не находим. Наш мир уже показывает, что талант руководителя мы должны искать не в эгоистическом результате, которого человек достиг в роли руководителя, а в совершенно другом отношении к миру.

Дальше Бецалель и все близкие к нему свойства начинают работать.

/4/ И ПРИШЛИ ВСЕ МУДРЕЦЫ – ИСПОЛНИТЕЛИ СВЯЩЕННОЙ РАБОТЫ, КАЖДЫЙ В СВОЕМ ДЕЛЕ...

Ты видишь, кто занимается работой на самом деле? Не каменщики и не плотники, а мудрецы.

Только лишь мудростью сердца создается общее соединение всех.

УПРАВЛЕНИЕ ДВУМЯ ВОЖЖАМИ

/4/ И ПРИШЛИ ВСЕ МУДРЕЦЫ – ИСПОЛНИТЕЛИ СВЯЩЕННОЙ РАБОТЫ, КАЖДЫЙ В СВОЕМ ДЕЛЕ, КАКОЕ ОН ВЫПОЛНЯЛ. /5/ И СКАЗАЛИ МОШЕ ТАК: «БОЛЬШЕ ПРИНОСИТ НАРОД, НЕЖЕЛИ НУЖНО, ЧТОБЫ ИСПОЛНИТЬ РАБОТУ, КОТОРУЮ ПОВЕЛЕЛ СДЕЛАТЬ БОГ». /6/ И ПРИКАЗАЛ МОШЕ, И ПРОВОЗГЛАСИЛИ ПО СТАНУ: «МУЖЧИНЫ И ЖЕНЩИНЫ ПУСТЬ НЕ ДЕЛАЮТ БОЛЬШЕ РАБОТЫ ДЛЯ СВЯТЫХ ПРИНОШЕНИЙ!»

Они говорят, что приносят больше, чем надо. Как это понимать?

Начинается понимание ограниченности собственного исправления на каждом этапе. Начинаем идти поэтапно, создавать общее кли, общий сосуд, желание, направленное на отдачу, на взаимную любовь, на включение друг в друга.

Здесь важно понимать, как надо работать с этими взаимными включениями. Человек должен дать не все, что может. В каббале мы изучаем это как свойства: малые, средние, большие состояния каждой частной души и всех вместе. Происходит поэтапное исправление и сборка исправленных частей. Не всё вместе и не в хаосе, а именно в определенных мерах. Но народ этого не понимает.

Тут важно то, что сверху приходит: Моше говорит, что надо остановиться.

Да. Здесь все делается над экраном. Несмотря на большие давления и устремления, человек должен себя ограничивать в духовной отдаче! Вот что интересно.

Здесь говорится, что Моше меня ограничивает.

Так это и есть: Моше во мне – это моя часть. То есть я должен научиться управлять как свойствами отдачи, так и свойствами получения.

Я должен работать двумя вожжами, чтобы правильно идти вперед. Не могу я работать только на отдачу.

Я создаю себя состоящим из двух свойств – отдачи и получения. Мой эгоизм никуда не исчезает. Рядом с ним, параллельно ему, есть свойство отдачи. Между этими двумя свойствами я и существую. Только лишь!

Тогда я не растворяюсь в Творце и не падаю в эту эгоистическую тьму, а существую в правильном состоянии. Во мне существуют эти силы, я держу две вожжи и веду себя к состоянию полного совершенства, к вечности.

От Творца нисходят две силы. Он сам, являясь правой линией, свойством отдачи, создал левую линию – эгоистическую. Если я примыкаю к одной или к другой линии, то нахожусь полностью в Его воле. Если я держу эти две вожжи и правильно направляю взаимодействие между ними, то строю среднюю линию между ними. Это и есть я.

Получив от Него два противоположных свойства, я достигаю их правильной комбинации во мне на каждом этапе своего подъема. Я, состоящий из двух противоположных свойств, включаю их в себя все больше и больше. В правильной комбинации между ними я и расту: маленький человечек, побольше, еще выше, еще, как бы вровень с Творцом.

Поначалу движение в духовном кажется нам очень запутанным, потому что две противоположности должны поддерживать, а не отрицать друг друга. Но мы пока не можем сопоставить в себе это.

Мы находимся в одной линии: в полной отдаче или в полном получении. В нашем мире это полный эгоизм, в духовном мире – полная отдача. Может быть, мы еще способны как-то представить себе это. А вот существовать между двумя линиями очень трудно. Но именно это нам надо сделать.

Тогда мы будем свободными от Творца, именно этого Он и желает. Как мы хотим, чтобы наши дети стали абсолютно свободными, сильными, самостоятельными.

Этого мы должны достичь, получив от Него все и правильно настроив себя на применение сил, которые существуют в мироздании.

Когда достигаешь ступени восхождения, где эти силы находятся в симбиозе, в гармонии между собой, тогда начинаешь понимать. Именно между ними ты ощущаешь результат их совместного правильного объединения.

Поэтому и называется Адам – человек, то есть нечто среднее, то, что сам Творец создать не мог. Творец создал прообраз человека, а мы строим человека, который является образом Творца. Это совсем другое явление. Мы лепим из себя Творца.

То есть мы становимся Бецалелем? Когда мы говорим о радости в духовном движении, то имеется в виду та радость, которую мы обретаем в соединении двух этих линий?

Да. Это и есть свойства Бецалеля. В нас эти свойства заранее есть, просто их надо выявлять, собирать и постепенно развивать.

СТРОИТЕЛЬСТВО КОВЧЕГА

И ПЕРЕСТАЛ НАРОД ПРИНОСИТЬ. /7/ А СДЕЛАННОГО БЫЛО ДОСТАТОЧНО ДЛЯ ВСЕЙ РАБОТЫ, ЧТОБЫ ИСПОЛНИТЬ ЕЕ, И ОСТАЛОСЬ ЕЩЕ. /8/ И СДЕЛАЛИ ВСЕ МУДРЫЕ СЕРДЦЕМ, ИСПОЛНЯВШИЕ РАБОТУ, ШАТЕР: ДЕСЯТЬ ПОЛОС ИЗ СКРУЧЕННЫХ ВМЕСТЕ НИТЕЙ ЛЬНА, ГОЛУБОЙ ШЕРСТИ, БАГРЯНИЦЫ И ЧЕРВЛЕНИЦЫ...

Начинается объяснение, что из этого делается. Покрытие шатра, сам шатер. И далее: балки, подножия балок, жертвенник, двор, занавес и так далее.

Идет изнутри наружу.

Говорится:

/13/ И СДЕЛАЛИ ПЯТЬДЕСЯТ ЗОЛОТЫХ КРЮЧКОВ, И СОЕДИНИЛИ ИМИ ПОЛОТНИЩА ОДНО С ДРУГИМ, И СТАЛО ПОКРЫТИЕ ШАТРА СПЛОШНЫМ.

Экран! В первую очередь делается экран.

Экран – отражение света: все, что делается далее, будет только ради отдачи. Строится антиэгоистический экран.

/20/ И СДЕЛАЛИ БАЛКИ ДЛЯ ШАТРА ИЗ ПРОЧНЫХ СТВОЛОВ АКАЦИИ.

Чтобы поднять этот экран на нужную высоту.

Это значит, что эгоизм находится под экраном. Золото, драгоценности – это эгоистические желания, это все, что близко эгоизму! Если ты покажешь золото собаке или кошке, они на это не посмотрят, их интересуют совсем другие вещи.

Золото, драгоценности очень важны для человека, для нашего человеческого эгоизма. Этим отличаются люди от обезьян. Дай это обезьяне и дай человеку. Практически абсолютно ненужные вещи – ни в пищу, ни в строительство – ни на что не годятся! Но наш эгоизм любит их.

«Поднимается до уровня» – это значит, антиэгоистический экран соответствует как бы моему эгоизму? То, что я могу выдержать?

Да.

Дальше говорится.

/24/ И СОРОК СЕРЕБРЯНЫХ ПОДНОЖИЙ СДЕЛАЛИ ДЛЯ ДВАДЦАТИ БАЛОК

Делается подножие. Что это?

Свойство отдачи – свойство бины, которое должно быть в основе всего строительства.

Поднятого экрана?

Да.

ГЛАВА «И СОБРАЛ»

/31/ И СДЕЛАЛИ ЗАСОВЫ ИЗ АКАЦИИ.

Для чего нужны засовы? Почему нужно закрывать на засовы?

Есть засовы, есть замки, крючки, ключи, ворота, двери, входы, выходы, коридоры и так далее. Говорится о комбинации желаний: каким образом постоянно или временно они должны быть скреплены между собой. Из них потом должны быть созданы экраны.

Причем есть внутренние и внешние желания. Десять сфирот, располагающиеся снизу вверх, сферические – это то, что все окружает, это строение души.

Допустим, наше тело состоит из внутренних органов, из внешних частей, ограничено нашей кожей. Вокруг нашего тела существует еще мир, который является нашей внутренней частью, но проявляется снаружи.

Самое главное – не каждое из желаний, а каким образом оно должно соединяться с другими, в какую связь включаться.

Понятно, что эти засовы скрепляют балки...

Да, скрепляют все.

/33/ И СДЕЛАЛИ СРЕДИННЫЙ ЗАСОВ, ПРОХОДЯЩИЙ СКВОЗЬ ВСЕ БАЛКИ ИЗ КОНЦА В КОНЕЦ

/35/ И СОТКАЛИ ЗАВЕСУ ИЗ СКРУЧЕННЫХ ВМЕСТЕ НИТЕЙ ГОЛУБОЙ ШЕРСТИ, БАГРЯНИЦЫ, И ЧЕРВЛЕНИЦЫ, И ЛЬНА, И ВЫТКАЛИ ИСКУСНО НА НЕЙ ИЗОБРАЖЕНИЯ КРУВОВ.

Крувов, то есть ангелов. Начинается удаление...

Нужно сделать облачение. Это экран для *ор макиф* – для окружающего света. Ангелы – это силы. Их крылья – экраны.

Всё это опять надо перевести в те же самые десять сфирот: всё – из десяти сфирот, как мы говорили. Опять эгоизм и экран над ним, противодействующий эгоизму.

Ранее мы очень подробно объясняли, что такое крувы, ангелы, «в тени крыльев», «с двух сторон».

/4/ И СДЕЛАЛ ШЕСТЫ ИЗ АКАЦИИ И ПОКРЫЛ ИХ ЗОЛОТОМ. /5/ И ВСТАВИЛ ШЕСТЫ В КОЛЬЦА ПО БОКАМ КОВЧЕГА, ЧТОБЫ ПЕРЕНОСИТЬ КОВЧЕГ.

Уже совсем внешнее – начинает переноситься ковчег.

Ковчег – это что? Ящик, который тащат как носилки? Нет. Сказано, что «не его несут, а он несет». Это и есть Ковчег – *арон*.

/7/ И СДЕЛАЛ ДВУХ КРУВОВ ИЗ ЗОЛОТА НА ДВУХ КОНЦАХ КРЫШКИ.

«...на двух концах крышки», – это правая и левая линия?

Да.

/10/ И СДЕЛАЛИ СТОЛ ИЗ АКАЦИИ

Мы еще отодвигаемся. Стол из акации.

Да, это уже не *арон* и не палки, на которых его переносят, а отдельно стоящий стол. На этот стол будут сносить все жертвоприношения. Там будут хлеба, вино и так далее.

МИР ПОЙДЕТ ЗА БЕЦАЛЕЛЕМ

/17/ И СДЕЛАЛИ МЕНОРУ ИЗ ЧИСТОГО ЗОЛОТА.

Да. Мы уже отделяем светильник, который стоит отдельно.

Говорится о том, как ее сделали. И дальше:
/25/ И СДЕЛАЛИ ЖЕРТВЕННИК… ИЗ АКАЦИИ…
/8/ И СДЕЛАЛИ УМЫВАЛЬНИК

Мы отодвигаемся все дальше и дальше.
/9/ И СДЕЛАЛИ ОГРАДУ ДВОРА… /12/ И СДЕЛАЛИ ЗАНАВЕС ДЛИНОЙ В ПЯТЬДЕСЯТ ЛОКТЕЙ… /15/ А С ДРУГОЙ СТОРОНЫ ДВОРА – ЗАНАВЕС ПЯТНАДЦАТЬ ЛОКТЕЙ.

И на этом заканчивается глава. Это шла работа Бецалеля?

Да, это работа Бецалеля. Все очень просто. Если это сделано, значит, создано полное объединение людей в одном желании – соединиться между собой, чтобы проявить Творца в себе.

Вся эта картина – аллегорическое описание наших желаний. С помощью объединения они выявляют свойство, которое должно проявиться в нас как Творец, как свойство отдачи и любви, – той силы, которая заполняет все мироздание. Сила бестелесная, внеобразная!

На каждом этапе мы будем видеть свойство Творца, то есть свойство отдачи и любви, понимать, как и в каких образах эта сила проявляется в нас. Она будет проявляться постепенно, пока мы не дойдем до такого состояния, что сможем воспринять Его сами вне всевозможных образов, как один общий свет. Но это случится, когда достигнем полного исправления.

Пока мы проявляем Его в каких-то свойствах, в действиях внутри нас. Как будто индукция наводится на нас, и мы совершаем действия отдачи. Эти действия мы называем частичным проявлением Творца.

Мир сегодня находится в страшном состоянии. В нашем мире есть или будет Бецалель?

Нет одного человека! Есть объединение людей, между собой они выявляют эти свойства! Нет людей, животных, нет золота, скинии – ничего нет.

Бецалель – это проявление определенных свойств в нас. Когда мы начинаем объединяться, то есть у нас есть желание объединяться, тогда мы проявляем в себе свойства Бецалеля.

Есть свойства, которые проявляются, например, на неживом уровне – это золото, драгоценные камни и прочее; есть свойства растительные – дерево и так далее; есть свойства животные – шерсть и все, из чего мы ткем, шьем. Есть свойства человеческие.

Наш эгоизм проявляется на всех четырех уровнях: неживая, растительная, животная, человеческая природа. В человеческой природе тоже есть различные уровни. Мы же видим, как люди различаются.

Наивысшее свойство для исправления называется Бецалель – свойство, в котором мы полностью можем быть под тенью Творца, то есть полностью совпадать с Ним. Как тень движется за человеком, так мы должны двигаться за Ним. Только тогда мы поймем, каким образом надо правильно все исправлять.

Мир, в котором мы живем, будет двигаться за Бецалелем?

Представляешь, до какого состояния должен дойти мир, чтобы согласиться на это?

Тут есть две возможности: двигаться огромными страданиями, когда нет другого выхода, или добровольно, когда появляется группа людей, которые могут в себе это отчасти воплотить и показать всему миру: вот такая возможность перед нами есть. Смотрите, как можно существовать, к чему прийти! Мы вам предлагаем присоединиться и этим сократить страдания.

Я думаю, что мы сможем объяснить это миру.

Мы надеемся, что сможем объяснить миру, как идти мирным, добрым, светлым путем.

Глава
«ИСЧИСЛЕНИЯ»

МАРКС НЕ ТО ИМЕЛ ВВИДУ

Глава «Пкудей» или «Исчисления». Моше отчитывается перед народом, что он сделал, как была построена Скиния Завета (Шатер Завета), сколько золота и серебра пошло на это, – все очень точно.

Для начала я хотел зайти чуть издалека, а может быть, наоборот, с чего-то близкого и заглянул в Книгу Зоар. Глава эта в Книге Зоар начинается так: «Вот исчисления Скинии, Скинии свидетельства». Сказано: «Все реки текут в море, но море не переполняется». «Все реки» – это реки и источники святости, сфирот Зеир Анпина, которые наполнились и вышли, чтобы светить и наполнять великое море, т.е. Малхут. И после того, как великое море наполнилось со стороны этих рек, оно выводит воды и дает напиться всем зверям полевым. Сказано: «Поят они всех зверей полевых»[4] – то есть ступени миров БЕА.
Мы сразу заходим в каббалу.

Ну, конечно. Где еще можно найти правильное объяснение того, что говорит Тора?

Почему именно с этого начинается глава «Исчисления»: «Вот исчисление…»?
Где ты проведешь исчисление, если не в малхут, то есть в желании, которое надо исправить, которое надо поднять, с которым надо работать?

Это возможно, если раскрыть все желание и увидеть, каким образом оно было разбито в грехопадении Адама.

---

[4] Книга Зоар с комментарием Сулам. Сокращенное издание под редакцией М. Лайтмана. Глава Пкудей, п. 1.

Глава «Исчисления»

С тех пор началось разделение и размножение этого желания или, аллегорически, развитие человечества.

Каким образом исправляется человечество? Постепенно, несмотря на то, что существуют отдельные тела, отдельные желания, они вместе должны прийти к своему объединению, чтобы быть как один человек, то есть достичь своего прообраза.

На основании чего это происходит? Мы уже не раз говорили: это делается силой высшего света, который создал желание. Высшая сила создает желание, она обеспечивает его энергией и программой развития.

Мы видим, как все развивается. Откуда идет – мы не знаем, где энергия развития – не знаем, какова программа развития – не знаем. Мы просто существуем в этом.

В отличие от неживой, растительной и животной природы, мы имеем как бы объективный посторонний взгляд: возможность смотреть со стороны на себя и на всю природу и видеть, что все развивается в определенном направлении.

Так вот, сейчас надо узнать, что за «реки текут» – каким образом этот свет протекает через мир Ацилут. Реки, то есть света, постепенно исправляют нас, части малхут, и приводят к объединению.

Когда мы говорим: «исправляют нас», «звери полевые» – это означает, что мы питаемся этим светом?

Да-да. И постепенно все наши неживые, растительные и животные желания (часть из них называется «звери полевые») начинают питаться этим светом. Поэтому мы развиваемся, но на животном уровне. Все, что мы делаем на этом шарике, является развитием животного желания, эгоистического, неосознанного.

Мы пытаемся понять, каким образом развиваемся. Есть всякие теории, науки, учения, но, в итоге, они ничего не дают, не влияют на общее движение.

Мы пытаемся искусственно что-то сделать: установить Советскую власть, например, или другие режимы, являющиеся отклонениями от естественного эгоистического развития, как это было на Кубе, в Китае, Корее.

Но в итоге видим, что на определенном этапе все эти режимы вынуждены отказаться от своих идеологических принципов, то есть программ, якобы, осознанного ими правильного развития, и вернуться к обычной эгоистической интерпретации. Они возвращаются к тому пути, по которому природа ведет нас.

Но все-таки зернышко, основа всех коммунистических режимов находится в каком-то ощущении справедливости?

Естественно. Коммунистические режимы ведь самые древние. Все первобытные общества – это общества коммунистические. Абсолютно всё – общее. Так что ничего нового здесь нет, нет никакого изобретения.

Маркс имел в виду совершенно не то, что получилось впоследствии. Его просто исказили, потому что после Маркса был период оппортунизма, противодействия ему. Это и послужило причиной метаморфозы учения Маркса.

Движение вперед зависит от воспитания. Воспитания людей в осознании необходимости движения к коммуне, к общему согласию, к идее быть вместе, быть равными. А на практике в итоге возникли конструкции, противные природе.

Книга Зоар повествует, каким образом эти реки, то есть свет, входит в малхут мира Ацилут. Кетэр малхут находится в мире Ацилут только своей маленькой самой верхней частью, все остальные ее девять сфирот находятся в более низких мирах: Брия, Ецира, Асия. Наш мир является последней стадией мира Асия – самого последнего мира.

Все эти реки (то есть свет) действуют на наш эгоизм, развивают его. И развивая, в итоге, вынуждают его осознать свою порочность – себя самого, а не окружающего мира.

Нам объясняется, как можно все изменить, чтобы привести себя к состоянию подобия миру Ацилут. Потому что в итоге вся тенденция должна быть устремлена только к одному: поднять в мир Ацилут все миры: Брия, Ецира, Асия (низшие миры, так называемые) и наш мир, самый низкий из миров.

Какое указание звучит от малхут мира Ацилут?

Уподобьтесь свету! Только лишь одно – ничего другого нет.

Свет не меняется, потому что существует только это одно указание?

Да, да. А мы не хотим этого слышать, потому что свет указывает нам, что мы должны отменить свой эгоизм и начинать работать выше него, работать друг с другом на объединение.

Мир Ацилут – это мир полного объединения всех эгоистических разрозненных сил и тенденций.

Ацилут – от слова эцло (в Нем). Это исправленное желание, в котором полностью проявляется свойство света.

Так или иначе, все равно мы должны попасть в эту струю, направленную на малхут мира Ацилут?

Да. Но от качания мы никуда не денемся. Я привел исторические примеры, к сожалению, сегодня эта тенденция сохраняется.

Хотя человечество уже начинает осознавать, что иного пути нет, что существует точная программа и лучше идти по ней. Иначе мы подставляем себя просто под угрозу уничтожения.

За наибольшим отклонением следует наиболее сильный удар?

Да, да.

ОГРАНИЧЕННАЯ СВОБОДА ВОЛИ

Поясните еще, причем здесь Шатер Завета, который строит Моше?

Шатер Завета – это и есть наше исправленное желание, в котором проявляется Высшая сила.

Согласно закону подобия, когда два явления подобны друг другу, они постепенно сближаются в мере подобия. Если они полностью подобны друг другу, они сливаются и начинают дополнять, выявлять, выяснять друг друга. Они не уничтожают, а наоборот, высвечивают, делают друг друга более выпуклыми.

Состояние подобия творения высшему свету является Шатром Завета.

Это поиск подобия Творцу, но сделанный снизу, идущий от Моше и народа?

Да. Они только над этим и работают.

Глава «Исчисления»

Дальше в Книге Зоар есть глава «Как велико благо Твое, которое хранишь Ты для боящихся Тебя». И написано так:

Насколько люди должны изучать и познавать пути Творца, ибо каждый день раздается голос, возглашающий: «Берегитесь, жители мира, закройте врата прегрешений, избегайте сетей, в которые попадаются люди, прежде чем ноги ваши запутаются в этих сетях». «Колесо, всегда вращающееся в мире» – высший суд, «поднимается и опускается» – то есть поднимает людей и опускает их. Горе тем, чьи ноги отвергаются этим колесом, ибо они падают в пучину бездны, хранимой для грешников мира.[5]

Опять говорится о прегрешениях, о предостережениях: опасайтесь и идите за призывом Творца.

Здесь указываются два пути – ведь человеку дается свобода воли. Но очень ограниченная свобода, потому что все равно программа должна быть выполнена. И она выполняется.

Свобода – только в том, чтобы осознать эту программу и следовать ей добровольно, осознать в том, что именно она является абсолютной, именно она является оптимальной.

Проблема человека в том, как видится ему эта программа. С одной стороны, действительно, она полезная, действенная, необходимая. С другой стороны стоит его эгоизм, который не позволяет ему ее выполнять. Изначально так сделано специально.

---

[5] Книга Зоар с комментарием Сулам. Сокращенное издание под редакцией М. Лайтмана. Глава Пкудей, п. 3.

На человека воздействуют две силы: положительная и отрицательная (отрицательная изнутри человека и положительная –снаружи). Именно между ними в этой борьбе и проявляется свобода воли.

Игра между ними – это вся свобода?

Да. Таким образом появляется у человека свобода воли. Как может быть иначе? Ведь человек – создание! Если он создан природой, Творцом (Творец или природа – это одно и то же), высшей силой, светом, то не может быть уже абсолютно свободным, он находится под воздействием этой силы, как все в природе.

Каким образом какую-то область, его мысль, желание сделать в нем свободными? Как дать ему возможность существовать независимо от Творца?

Здесь и даются ему две силы, которые нисходят свыше. И наш эгоизм, и свойство отдачи, которое возникает в нас, управляются свыше. Эти две силы находятся в нас изначально и развиваются параллельно. Между ними происходит взаимная борьба, противостояние.

Если человек ставит себя между ними, он может выбрать такое свое состояние, когда притяжение с одной и с другой стороны уравновешивают друг друга. Эта точка равновесия между двумя противоположностями как бы и является средней линией. Находясь в таком состоянии, человек ощущает себя абсолютно свободным и от своей природы, и от высшей природы.

Здесь и возникает проблема. Как он может выбрать что-то? Если не выберет, то не сможет действовать, окажется в положении буриданова осла, который умирает голодным. Передо мной стоят два абсолютно одинаковых объекта. Я должен выбрать один из них. Но я не могу, потому что они абсолютно одинаковые.

Как только у меня появляется стремление в чем-то к одному, тут же возникает такое же стремление к другому. И снова я нахожусь между ними в раздвоенном состоянии, снова меня раздирает. Как действовать дальше?

Именно в таком состоянии, если человек находит его и понимает, что обязан быть в нем, появляется возможность создать лично в себе источник нового движения.

Это состояние очень нехорошее в наших ощущениях, потому что, с одной стороны, на человека вроде бы ничего не действует, а с другой стороны, – да, действует, и он не знает, как быть.

Эта точка в нем и является началом, из которого он сможет растить в себе человека. До сих пор он был как кукла на ниточках: как их дергали, так он и действовал.

Это называется, что начинается движение по лучу к малхут мира Ацилут?

Да. Человек начинает ощущать, как нисходят эти реки и как все они впадают в море. При этом море не переполняется, а, наоборот, ведет его вперед.

Еще один отрывок из Книги Зоар:

Когда пожелал Творец сотворить мир, Он всматривался в Тору и создавал его. И всматривался в святое имя АВАЯ, в совокупность всей Торы, и возводил мир. С помощью трех сторон создан мир: мудрости (хохма), разума (твуна) и ведения (даат). «Мудростью» – как сказано: «Творец мудростью основал землю». «Разумом» – как сказано: «Утвердил небо разумом». «Ведением» – как сказано: «Ведением Его разверзлись бездны». Итак, все они участвуют в создании мира. С помощью этих трех была возведена Скиния, как сказано: «И Я исполню его духом всевышним, мудростью, разумом и ведением».[6]

Идет сопоставление: создание мира и создание Шатра Завета.

Шатер – то, что создается нами. Это сосуд, в котором мы начинаем ощущать Высший мир подобно тому, как наши желания рисуют нам ощущение этого мира.

Если я что-то желаю, то только я и способен ощутить наполнение сосуда в мере своего желания, в его стиле, в его внутренних состояниях. Если во мне желания нет, то я не ощущаю. Можно отключить в голове человека какие-то рецепторы, какие-то синапсы, и он перестанет ощущать что-то, в нем может пропасть возможность мыслить, исследовать, анализировать.

Когда мы начинаем получать свыше духовное воздействие, то строим совершенно новый сосуд восприятия – восприятия не физического мира, а мира духовного, мира сил, мира качеств. Он строится именно на основании потоков света, разума, высших ощущений, которые нисходят к нам и постепенно образуют в нас духовный сосуд.

Наше тело образовывается из первоначального элементарного материала, потом идут базовые стволовые клетки, создаются всевозможные ткани животной материи и так далее.

Также и мы из духовных стволовых клеток, основ ткани, начинаем образовывать образ духовного сосуда, который в духовном виде идентичен нашему животному телу. В

---

[6] Книга Зоар с комментарием Сулам. Сокращенное издание под редакцией М. Лайтмана. Глава Пкудей, п. 13.

нем существуют те же органы, но они силовые, качественные, те же соотношения между ними – абсолютно то же самое, что в человеческом теле. Поэтому этот духовный прообраз называется «человек», так же как и наше тело называется «человек».

Получается, что это происходит снизу?

Это происходит снизу – это строим мы. Но из тех основ, которые получаем свыше.

Поэтому говорится: был создан мир, а нами строится подобие этому миру – Скиния Завета?

Вся Тора является программой построения человека-сосуда, который в итоге будет наполнен. Как наше тело наполнено жизненной материальной силой, так и духовный образ (духовное тело) наполняется своей силой, которая называется светом или духовной жизнью.

Отличие между ними заключается в том, что духовный сосуд, созданная тобою часть, совершенно не связана с животным телом. Животное тело умирает, а эта часть остается, потому что относится к миру сил, которые управляют всем нашим миром.

ПЛОХО БЕЗ ВРАГОВ

В «Большом комментарии» Моше и Аарон отчитываются, что было сделано и куда пошло то, что народ принес, как строился шатер.

Речь идет о том, какие света нисходят свыше и какие материалы поступают снизу.

Желание снизу, свет свыше – вместе они комбинируются в единый образ духовного объекта – Шатра Завета.

Но шатер является всего лишь внешним средством исправления человека, а объектом исправления является сам человек.

В «Большом комментарии» написано:

Почему же Моше, которого Сам Всемогущий объявил достойным доверия, счел необходимым отчитаться перед народом?

Моше однажды услышал, как кто-то в народе насмешливо заметил: «В последнее время шея сына Амрама стала тучнеть». На что кто-то другой ответил: «Ничего удивительного, он ведает всеми деньгами, предназначенными для строительства Мишкана!» Тогда Моше дал себе клятву: «Как только Мишкан будет построен, я представлю точный отчет о том, как использовал деньги!»[7].

Мишкан – это шатер. О чем тут говорится?

Говорится об одном человеке. Нам надо понять, какие это свойства: в нем и народ, и злопыхатели, и вообще все в нем. Да и свойства Творца – тоже в нем.

А как же иначе я могу ощутить? Я не ощущаю то, что снаружи. Все, что снаружи, отпечатывается во мне, и в моем сознании я ощущаю картину мира и всего происходящего.

Когда в человеке на уровне, который называется Моше (это очень высокий духовный уровень), возникают такие состояния, это, конечно, проблема. При построении сосуда – Скинии Завета не может быть иначе.

---

7   М. Вейсман, «Мидраш рассказывает», «Шмот», «Пкудей»

Всегда возникают огромные по своему качеству и количеству препятствия, потому что именно благодаря им и на их основе, при их исправлении, строится сосуд восприятия, сосуд раскрытия Творца. В нашем мире мы не представляем, насколько противодействие помогает нашим действиям.

Понятно, как сложно строить что-то в космосе: нет противодействия в виде силы тяготения. Насколько сложно действовать, когда ты находишься не между двух сил, а в рамках одной силы. Тебе приходится искусственно создавать какую-то тяжесть или ставить магниты, чтобы притягивали, и относительно них ты мог бы что-то делать. Без действия и противодействия мы не можем работать.

Об этой проблеме действительно и говорится?

Да, и поэтому очень хорошо, что возникают силы противодействия, они и помогают тебе сориентироваться.

Это как ракета, которая летит. Она летит относительно чего-то и все время сама себя проверяет, отталкиваясь от всевозможных маленьких отклонений. Благодаря этим отклонениям, она и идет правильным курсом.

То же самое и здесь. В нашем деле именно благодаря помехам мы движемся вперед, без них совершенно не обойтись.

Получается, что плохо без врагов?

Да, ведь сказано: «Должен человек благословлять недругов больше, чем друзей». Недруги толкают, вдохновляют, помогают, относительно них ты проверяешь, где находишься.

Здесь должно быть абсолютно четкое понимание объективности полноты творения, которое не может состоять только из одних, якобы, положительных, свойств. И они тоже не могут называться положительными, если против них нет противоположных им. Невозможно ничего строить без противодействия.

Если я ставлю кирпич, на него еще один и еще один, то я должен видеть, относительно чего ставлю, что мне мешает. Поэтому делаю какой-то уровень, отвес. Именно благодаря этому я строю стену. Ограничения должны быть! Без этого нет никакого созидания.

Можно четко сказать, что, если нет противодействия, то это неверный путь?

Да, это очень плохо. В любом виде деятельности: в учебе, в работе, в повседневной жизни –обязательно должно быть действие и противодействие. Между ними человек вырабатывает среднюю линию поведения.

Поэтому вся Тора состоит из драматических ситуаций, из постоянных столкновений?

Да, конечно. Когда поднимаешься, на каждом уровне ты должен ощущать раскрытие следующего отрицательного уровня и относительно него строить себя положительным.

Как ты будешь работать, если у тебя нет возможности инверсировать из отрицательного в положительное? Вообще нет никакой другой возможности что-то создать.

Как человеку настроиться на то, чтобы благодарить пусть не врагов своих, а хотя бы тех, кто ему сопротивляется?

Нельзя благодарить. Это что – «подставь другую щеку», что ли?

Глава «Исчисления»

Речь идет о том, что если ты правильно действуешь, то нуждаешься в отрицательном так же, как и в положительном.

Представь себе, что вместо разных видов освещения в студии будет один сплошной свет. Должны быть светотени, должны быть переходы, контрасты. Без них мы не можем ощущать, видеть, чувствовать вкусы, запахи, то, что я сижу на стуле, касаюсь стола.

Без этих ограничений я бы вообще не ощущал, где нахожусь. Отключи человеку это восприятие, он же будет несчастным, он будет резать, пилить себе ногу и не чувствовать, что он пилит.

Значит, в данном случае Моше в нас, которого услышал народ в нас…

Моше очень рад этому состоянию и правильно его использует. Он делает Скинию, зная, что в нем находятся эти свойства, но пока оставляет их в покое. Когда Скиния закончена, он начинает работать совместно с ними.

То есть он представляет народу точный отчет, как использовал деньги?

Да. Ограничения – самое главное. Они строят контур твоего духовного сосуда, в котором ты обнаруживаешь Творца. Почему сказано, что ощутить свет можно только лишь с помощью букв АВАЯ (юд, кей, вав, кей)? Потому что это ограничение.

Это буквенное имя – как бы скелет, в котором ты начинаешь ощущать свет мироздания. Иначе он просто неощущаемый. Он и сейчас где-то находится. Разве мы его ощущаем? Нет. Почему? Нам не в чем его ограничить, не во что его получить, не в чем ощутить.

Как только ограничения будут подобны свету, тогда постепенно мы начнем ощущать и раскроем его.

Ограничения, правильно используемые, необходимы так же, как и положительные силы. На самом деле нет отрицательных ограничений, есть только одно относительно другого.

Если человек правильно раскладывает перед собой весь жизненный пасьянс, то у него все получается очень правильно.

ОДЕЖДА БЕЗ КАРМАНОВ

Продолжаем главу «Исчисления». Мы прошли в Книге Зоар по этой главе. Потом почитали, что написано в «Большом комментарии». Добавим еще немного из «Большого комментария» и потом перейдем непосредственно к самой главе.

Сказано:
Сам Моше считал про себя, что вполне заслуживает доверия. Тем не менее, он представил точно отчет о своих действиях, потому что не хотел, чтобы кто-то необоснованно его заподозрил. Человеку следует очистить себя от любых подозрений в глазах людей, а не довольствоваться общим утверждением: «Б-гу известна истина».

На этот счет есть несколько специальных законов. Так, например, человек, собиравший деньги в фонд Храма, во время работы не мог носить одежду с двойным швом (где он мог бы спрятать деньги), широкий пояс и даже белье под верхним платьем. Разбогатей он впоследствии, люди могли бы сказать: «Он разбогател, потому что брал из собранных денег». Человек должен вести себя

Глава «Исчисления»

таким образом, чтобы его поведение было безупречным не только в глазах Всемогущего, но чтобы оно не возбуждало подозрений так же и в глазах окружающих. Звучит очень материально.

На самом деле, все говорится о самом человеке, о его внутренних качествах, то есть идет расчет относительно себя, как я должен себя вести.

Когда я нахожусь в духовном пути, то разделяю себя на две части. Одна часть во мне движется к свойству отдачи, любви, к Творцу, к связи со всеми, к объединению, к слиянию. Другая часть противодействует этому, хочет все время урвать.

Я нахожусь между этими состояниями и должен все время проверять себя, контролировать себя – не урываю ли я в материальном или в духовном, в моих чувствах и мыслях. Не делаю ли что-то так, чтобы мне из этого была личная выгода.

Здесь существует проблема. Во-первых, проверять, чтоб не было выгоды. И во-вторых, если она и есть, то должна быть в согласовании со всеми остальными. Вполне возможно, что это необходимо для выполнения моей работы.

Допустим, мне нужна машина, чтобы я объезжал объекты, которые строятся. Мне необходимы помощники, которые мне помогают, работают вместе со мной.

Но все должно быть открыто, ясно и понятно абсолютно всем, чтобы не вызывать никаких вопросов. Здесь и возникает проблема, которую каждый должен решать.

В общем-то, нам показывается исправленное общество, которое мы хотели бы начать строить. В нем каждый человек должен вести себя таким образом: то, что положено мне и необходимо для моего существования, я не скрываю, и более того – мне должны это предоставить. Но зато все остальное, что я могу отдать, я отдаю обществу.

Это и является ступенью Моше. Примером для всех остальных. Но всегда возникают проблемы внутри человека. Мы видим, какие проблемы были на протяжении многих столетий существования Храма, то есть на духовном уровне народа. Все они описываются на материальном уровне, но это серьезные духовные проблемы.

Говорится, что не должно быть «карманов» у тебя, даже если ты строишь духовное?

Физически на самом деле так и было. Но мы понимаем, что если кто-то захочет украсть, то ничто, никакие карманы его не остановят. Он не настолько глуп, чтобы носить кусок золота у себя в кармане.

Нет карманов – имеется в виду, что у тебя нет вообще никаких эгоистических желаний.

Карман – это место, где я получаю то, что желаю получить. Швы, нижнее белье – все на тебе должно быть прозрачно. И само твое одеяние, *левуш* (экран) так называемый, должен быть только один – на отдачу.

Нижнее белье – это часть для себя и часть на отдачу. А уровень Моше – все на отдачу.

Как же жить? Как эти расчеты делать? Непросто все время находиться в этой линии.

Это сложно, когда мы читаем, но легко, когда ты находишься в таком окружении. Тогда нет никаких проблем. Окружение поддерживает, дает такой уровень, такую подушку, на которой ты просто летаешь.

ГЛАВА «ИСЧИСЛЕНИЯ»

Тут и возникает понятие стыда?

Да.

ТКАНИ, НИТИ, ШКУРЫ

Переходим к Торе, к главе «Исчисления» – «Пкудей». Начинается она как отчет:

/21/ ВОТ ИТОГИ СООРУЖЕНИЯ ШАТРА ОТКРОВЕНИЯ – ШАТРА СВИДЕТЕЛЬСТВА, ПОДВЕДЕННЫЕ ПО ПРИКАЗУ МОШЕ ЛЕВИТАМИ, РУКОВОДИМЫМИ ИТАМАРОМ, СЫНОМ ААРОНА-КОЭНА.

Это человек, который строит внутри себя духовный сосуд. В нем он ожидает раскрыть Творца и, в итоге, соединиться с Ним подобием свойств, то есть поднять себя до этого уровня.

/22/ А БЕЦАЛЕЛЬ, СЫН УРИ, СЫНА ХУРА ИЗ КОЛЕНА ЙЕГУДЫ, СДЕЛАЛ ВСЕ, ЧТО БОГ ПОВЕЛЕЛ МОШЕ.

Мы уже говорили, Бецалель – это *бэ цель Эль*, то есть в тени Творца: на экране, который создает полное подобие свету, эгоизм строит в подобие свету.

Он строит в зависимости от эгоистических материалов, которые существуют в человеке. Все они градуируются, как в таблице Менделеева, по тяжести.

Дальше написано о материалах. Дается отчет, сколько было вложено в работу:

/24/ ...ВО ВСЕМ СВЯЩЕННОМ ТРУДЕ.... /24/ ВСЕГО ЗОЛОТА... /25/ СЕРЕБРА...

Есть материалы неживого мира – это камни, в основном – глина и прочие материалы, которые идут из земли.

Из растительного мира — деревья и всевозможные растения. Из животного — ткани и нити, шкуры и прочее.

Все идет из желаний?

Из неживых, растительных, животных желаний при работе человека над ними, который поднимает эти желания до высшего уровня, до уровня человек. Так создается сосуд раскрытия Творца — Шатер Завета.

Желания существуют внутри человека. Человек является вместилищем абсолютно всего мира. Все желания находятся в нем. Из методики постижения мира мы знаем, что весь мир, который я вижу вокруг себя, — на самом деле его отражение во мне.

Мир находится во мне, а не снаружи, хотя снаружи я его ощущаю, как материальное, вещественное, существующее.

Но человек все время «соскакивает» в материальное ощущение мира.

Да. Он все время скатывается. Это естественно.

Но зато, когда чувствуешь себя вот так двояко, то можешь настроиться, чтобы как можно чаще возвращаться к правильной картине мира, когда мир находится внутри меня.

Это настраивает меня на совершенно другие отношения с людьми, с экологией — со всем. Заставляет по-другому себя вести.

Потому что я являюсь еще и причиной этого экологического разбоя?

Да, да. И вообще всего, что в мире происходит. Все войны в мире, которые таким образом разыгрываются сейчас перед тобой, — это войны внутри тебя.

Глава «Исчисления»

Ты на экране перед собой показываешь всё, что происходит в тебе: баталии, проблемы, взрывы, космос, весь мир – всё в тебе.

Когда я смогу это удержать? Когда я смогу выдержать эту картину?

В тебе проявится такое ощущение, когда подействует свет. Но это происходит постепенно. Ты все больше и больше будешь чувствовать, что действительно все является твоей проекцией: недруги, проблемы.

Ты сам должен исправлять себя, и этим исправишь мир. Только таким образом! И это самая большая проблема.

Чтобы хорошо чувствовать себя внутри, обычно мы хотим исправить мир вне себя. Вместо того чтобы направить внимание на правильное отношение к восприятию, к мирозданию, «исправители мира» делают все наоборот. Говорить надо исключительно о себе.

БУХГАЛТЕРСКИЙ ОТЧЕТ

Дальше говорится о материалах – о тех желаниях, из которых мы состоим. Прочту только начало:

/24/ ВСЕГО ЗОЛОТА, УПОТРЕБЛЕННОГО В РАБОТЕ, ВО ВСЕМ СВЯЩЕННОМ ТРУДЕ, БЫЛО: ЗОЛОТА ПРИНОШЕНИЙ – ДВАДЦАТЬ ДЕВЯТЬ КИКАРОВ И СЕМЬСОТ ТРИДЦАТЬ ШЕКЕЛЕЙ – В СВЯЩЕННЫХ ШЕКЕЛЯХ.

Шекели – это не монета, а мера веса. Все измерялось на вес.

/27/ И ПОШЛО СТО КИКАРОВ СЕРЕБРА НА ОТЛИТИЕ ПОДНОЖИЙ ДЛЯ БАЛОК СВЯТИЛИЩА... /28/ А ИЗ

ТЫСЯЧИ СЕМИСОТ СЕМИДЕСЯТИ ПЯТИ ШЕКЕЛЕЙ СЕРЕБРА СДЕЛАЛИ КРЮКИ ДЛЯ СТОЛБОВ...
/1/ А ИЗ ГОЛУБОЙ ШЕРСТИ, БАГРЯНИЦЫ И ЧЕРВЛЕНИЦЫ СДЕЛАЛИ СЛУЖЕБНЫЕ ОДЕЖДЫ... /2/ И СОТКАЛИ ЭЙФОД ИЗ ЗОЛОТЫХ НИТЕЙ И НИТЕЙ ГОЛУБОЙ ШЕРСТИ... /6/ И СДЕЛАЛИ КАМНИ ОНИКСЫ... /8/ И СОТКАЛИ ХОШЕН...

И камни эти вложили...

Двенадцать камней сложили на продольную дощечку.

/14/ И КАМНИ ЭТИ СООТВЕТСТВОВАЛИ ИМЕНАМ СЫНОВ ИЗРАИЛЯ: ДВЕНАДЦАТЬ – ПО ЧИСЛУ ИХ ИМЕН, И НА КАЖДОМ БЫЛО ВЫРЕЗАНО, КАК НА ПЕЧАТИ, ИМЯ – ТАК ДЛЯ ВСЕХ ДВЕНАДЦАТИ КОЛЕН.

/22/ И СОТКАЛИ МАНТИЮ, ЧТОБЫ НА НЕЕ НАДЕВАЛСЯ ЭЙФОД, ЦЕЛИКОМ ИЗ ГОЛУБОЙ ШЕРСТИ.
/27/ И СОТКАЛИ ХИТОНЫ ИЗ ЛЬНА...

Идет полный отчет.

Описывается одеяние человека, полностью исправленного, – какие экраны должны быть на нем. Сказано, до какого уровня он должен поднять свои неживые, растительные и животные желания, чтобы они образовали на нем правильный экран и позволили ему работать на уровне человека, на уровне коэна.

Высочайший уровень – Моше! Смотришь на все это: отмеры, точные данные – как бухгалтерская книга.

Так это же шестьсот тринадцать наших желаний, которые надо исправить в соответствии с отдачей и любовью, как требует от нас свойство высшего света. Такую аллегорическую картину мы и получаем.

Глава «Исчисления»

Я много раз уже спрашивал, как человек сможет это все воспринять? Нужна будет эта точность?

Нет. Читая, человек будет просто понимать внутри себя, что при этом происходит. Где находятся эти червленицы, багряницы, хошен, эйфод – всё-всё.

Где стол стоит, менора, где шатер...

Да. Всё внутри себя.

/33/ И ДОСТАВИЛИ ШАТЕР К МОШЕ – ШАТЕР И ВСЕ ПРИНАДЛЕЖНОСТИ ЕГО...

Моше – так называется точка в сердце, которая всем этим руководит. «Доставили Шатер к нему» – *вокруг* него: все образуется вокруг этой точки в сердце.

Точка в сердце является корнем от Творца в нас. Она заложена в нас. Благодаря ей, все наши эгоистические свойства: золото, серебро, драгоценности – мы начинаем подгонять под эту точку в сердце, образовывать вокруг нее сосуд на отдачу.

Один наш ученик рассказывал, что когда он первый раз услышал «точка в сердце», решил проверить, что это не изобретение Лайтмана. И убедился, что, действительно, и Бааль Сулам, и РАБАШ говорят о точке в сердце. И точка в сердце существует как таковая.

Понятно. Иначе откуда я это слышал?

У меня было сомнение насчет слова *махсом* – граница. Потому что устно я слышал, а где написано, не помнил. Потом мои ученики его нашли.

У меня всегда есть сомнение. Я люблю, чтобы все было четко, по источникам, чтобы ни в ком не зародилось никакого сомнения.

Это не страхи, не подозрения. Эта потребность была во мне всегда, еще до каббалы. Просто внутри существует требование ученого, чтобы обязательно все было четко соблюдено. Без этого нельзя.

Чем дальше ты идешь, тем ближе к источникам.

СТОЯНИЕ В ПУСТЫНЕ

В «Большом комментарии» сказано:

Сооружение Шатра Творцу было дороже, чем Сотворение всей вселенной. Вселенная возникла просто по слову из уст Творца, а Шатер возник в результате труда великих праведников — Моше, Бецалеля... и всей Общины Израиля.

Это уже творение человека в человеке. Говорится, сооружение Творцу было дороже.

Работа человека дороже всего сотворения мира. Она уже – результат действия всего творения.

Результат этого управления, как Вы говорите, силы отдачи и силы получения.

Сказано о Шатре:

Шатер был построен за три месяца. Строительство завершилось 25 кислева 2449 года от Сотворения мира. Моше считал, что Шатер следует освятить немедленно. Но Творец сказал: «Шатер не будет освящен до наступления месяца нисан».

Соответственно выходу из Египта. Все можно объяснять, но это уже расклад по оси времени.

Глава «Исчисления»

Дальше по приказу Творца было сделано так. Идет перечисление, как выстраивается Шатер:

/17/ И БЫЛО: В ПЕРВОМ МЕСЯЦЕ ВТОРОГО ГОДА ПОСЛЕ ИСХОДА СЫНОВ ИЗРАИЛЯ ИЗ ЕГИПТА, В ПЕРВЫЙ ДЕНЬ МЕСЯЦА, БЫЛ ВОЗДВИГНУТ ШАТЕР. /18/ И ВОЗДВИГ МОШЕ ШАТЕР: ПОСТАВИЛ ПОДНОЖИЯ ДЛЯ БАЛОК, И ВСТАВИЛ В НИХ БАЛКИ, И СКРЕПИЛ БАЛКИ ЗАСОВАМИ, И ПОСТАВИЛ КОЛОННЫ; /19/ РАСПРОСТЕР КРЫШУ НАД ШАТРОМ И ЗАКРЫЛ ЕЕ СВЕРХУ ПОКРЫВАЛОМ ШАТРА – КАК БОГ ПОВЕЛЕЛ МОШЕ.

/20/ И ВЗЯЛ ОН СКРИЖАЛИ СВИДЕТЕЛЬСТВА, И ПОЛОЖИЛ ИХ В КОВЧЕГ, И УСТАНОВИЛ ШЕСТЫ В НАДЛЕЖАЩИЕ МЕСТА... КАК БОГ ПОВЕЛЕЛ МОШЕ.

/22/ И ПОСТАВИЛ ОН СТОЛ В ШАТРЕ ОТКРОВЕНИЯ К СЕВЕРНОЙ СТЕНКЕ ШАТРА С ВНЕШНЕЙ СТОРОНЫ ЗАВЕСЫ, /23/ И РАЗЛОЖИЛ НА НЕМ В ОПРЕДЕЛЕННОМ ПОРЯДКЕ ХЛЕБ ПРЕД БОГОМ – КАК БОГ ПОВЕЛЕЛ МОШЕ.

/24/ И ПОСТАВИЛ ОН МЕНОРУ В ШАТРЕ ОТКРОВЕНИЯ НАПРОТИВ СТОЛА К ЮЖНОЙ СТЕНКЕ ШАТРА, /25/ И ЗАЖЕГ ЕЕ СВЕТИЛЬНИКИ ПРЕД БОГОМ – КАК БОГ ПОВЕЛЕЛ МОШЕ. /26/ И ПОСТАВИЛ ОН ЗОЛОТОЙ ЖЕРТВЕННИК В ШАТРЕ ОТКРОВЕНИЯ..., /27/ И ВОСКУРИЛ НА НЕМ БЛАГОВОНИЯ – КАК БОГ ПОВЕЛЕЛ МОШЕ.

/28/ И ПОВЕСИЛ ОН ПОЛОГ, ЗАКРЫВАЮЩИЙ ВХОД В ШАТЕР, /29/ А ЖЕРТВЕННИК ДЛЯ ПРИНЕСЕНИЯ ЖЕРТВ ВСЕСОЖЖЕНИЯ УСТАНОВИЛ ПЕРЕД ВХОДОМ В ШАТЕР ОТКРОВЕНИЯ, И СЖЕГ НА НЕМ ВСЕСОЖЖЕНИЕ И ХЛЕБНЫЙ ДАР – КАК БОГ ПОВЕЛЕЛ МОШЕ.

/30/ И ПОСТАВИЛ ОН УМЫВАЛЬНИК МЕЖДУ ША-
ТРОМ... /31/ И ОМЫЛИ ВОДОЙ ИЗ НЕГО МОШЕ, АА-
РОН И СЫНОВЬЯ ААРОНА СВОИ РУКИ И СВОИ НОГИ;
/32/ ПРИХОДЯ В ШАТЕР ОТКРОВЕНИЯ И ПРИБЛИЖА-
ЯСЬ К ЖЕРТВЕННИКУ, ОМЫВАЛИСЬ ОНИ – КАК БОГ
ПОВЕЛЕЛ МОШЕ.

/33/ И УСТАНОВИЛ ОН ОГРАДУ ДВОРА ВОКРУГ ША-
ТРА И ЖЕРТВЕННИКА, И ПОВЕСИЛ ЗАНАВЕС, ЗАКРЫ-
ВАЮЩИЙ ВХОД ВО ДВОР, И ЗАВЕРШИЛ МОШЕ ЭТУ
РАБОТУ.

Закончилось создание сосуда, в котором может раскрыться Творец. Это только создание. Далее идет раскрытие.

Сейчас начинается внутренняя работа человека. Завершено созидание – создано общее кли (сосуд). Теперь от человека требуется особая работа – создать такие условия, когда в материальных, вроде бы, свойствах человека раскрывается высшая сила.

Каким образом человек изменяет свои материальные свойства? Написано, как он подготавливается к этому. Но чего еще здесь не хватает, чтобы произошло это раскрытие?

И завершилось построение Шатра.

/34/ И ЗАКРЫЛО ОБЛАКО ШАТЕР ОТКРОВЕНИЯ, И
СЛАВА БОГА НАПОЛНИЛА ШАТЕР. /35/ И НЕ МОГ
МОШЕ ВОЙТИ В ШАТЕР ОТКРОВЕНИЯ, ИБО ОБЛАКО
ПРЕБЫВАЛО НА НЕМ, И СЛАВА БОГА НАПОЛНЯЛА
ШАТЕР. /36/ И КОГДА ПОДНИМАЛОСЬ ОБЛАКО НАД
ШАТРОМ – ОТПРАВЛЯЛИСЬ СЫНЫ ИЗРАИЛЯ ВО ВСЕ
СТРАНСТВИЯ СВОИ, /37/ А ЕСЛИ НЕ ПОДНИМАЛОСЬ
ОБЛАКО, НЕ ОТПРАВЛЯЛИСЬ ОНИ В ПУТЬ ДО ТОГО

Глава «Исчисления»

ДНЯ, КОГДА ОНО ПОДНИМАЛОСЬ. /38/ ИБО ОБЛАКО БОГА СТОЯЛО НАД ШАТРОМ ОТКРОВЕНИЯ ДНЕМ, И ОГОНЬ ВИДНЕЛСЯ В НЕМ НОЧЬЮ НА ГЛАЗАХ У ВСЕХ СЫНОВ ИЗРАИЛЯ ВО ВРЕМЯ ВСЕХ ИХ СТРАНСТВИЙ.

Если говорить в образах нашего мира, то все путешествие через Синайскую пустыню может занять всего неделю, ну, две. Но они 40 лет ходили. То есть, выходит, не ходили, а стояли.

Лагерь останавливался и стоял много-много лет. То же самое – в следующем месте. И так далее.

Так говорится о странствиях?

Да. Причем очень интересно и географически, и духовно отметить ступени постепенного восхождения от Египта до Иерусалима, до горы Господа, до Храма. Мы еще будем говорить об этом. А в общем, ты видишь, что место для раскрытия Творца полностью подготовлено. И Он раскрывается.

Есть желание раскрыть Творца – и Он раскрывается. Но внешне это не явно. Со стороны наших желаний есть различные уровни, градации, каким образом они могут приближаться к состоянию отдачи и любви в связи между нами.

И несмотря на то, что одни желания народа достигли уровня Моше, другие еще нет, не все примкнули к этому состоянию! Соответственно этому и явление Творца пока еще туманно.

Облако, огонь – признаки правой и левой линии. Огонь – раскрывающий. Облако – скрывающее.

Это все только начальные состояния, но уже ведущие к связи. Уже есть сосуд внутри человека, исправленное, созданное, сформированное желание. И человек знает, что при его дальнейшей работе именно в нем раскроется Высшая сила. Это очень серьезный этап в духовном развитии.

Глава «Пкудей» – «Исчисления» заканчивает книгу «Шмот» – «Имена». Она завершает построение сосуда, в ней описаны и выход из Египта, и Авраам, и все отцы и праотцы, – все вошли сюда.

Теперь понятно, почему: закончена последняя стадия построения сосуда. Сейчас Шатер Завета начнут носить во всех странствиях и двигаться к Эрец Исраэль.

Глава
«И ПРИЗВАЛ»

ЖЕРТВЕННЫЕ ЖЕЛАНИЯ

Глава «Ваикра» – «И призвал». И воззвал Творец к Моше из Шатра собрания: «И всякий, кто пожелает принести жертву...», – так написано.
Эта глава о жертвоприношениях. Все они делятся на обязательные и те, которые приносятся по желанию человека. Часть от жертвоприношений должна полностью сгореть на жертвеннике, а часть остается для коэнов и для тех, кто ее приносит.

Жертвоприношение – я жертвую своим эгоизмом. То есть никоим образом я не уничтожаю его. Я уничтожаю эгоистическое применение своих желаний.

То есть не отрезаю? Я перерабатываю эгоизм?

Вся наша природа – это злое начало. «Я создал злое начало», как сказано.

Злое начало – это наше желание с намерением ради себя. Желание само по себе нейтрально. Его можно обращать в любую сторону: для себя, для других – неважно, куда и как. Но когда ему придается эгоистическое намерение, тогда оно становится злым, потому что настраивается только на то, чтобы обеспечить себя и не дать другим.

Первая часть предложения «Я хочу» – абсолютно нормальна?

Нет. Зависит от того, что «я хочу». Если я хочу для себя, тогда это, как правило, во вред другим.

Жертвоприношением называется состояние, когда я могу буквально отрезать куски от своего желания неживого, растительного, животного типа.

Мои желания разбиваются на четыре части: неживой, растительный, животный и человеческий уровень. Каждая часть имеет свой стиль исправления с эгоизма на альтруизм, на отдачу.

Самое простое, конечно, – неживые желания. Это как строить скинию (шатер) из неживых материалов: камней, золота, дерева. Употреблять в пищу соль, воду и все, что мы берем из земли.

Затем идут растительные желания – все, что произрастает, хлеб, который мы выпекаем и кладем на стол, зелень и прочее.

Животные желания – это уже высокие эгоистические желания в человеке, когда надо подходить ритуально: особенным образом «убивать» эти желания – «освежевывать туши». Причем различают разные животные желания: рыбы, птицы, животные.

Соответственно, каждое из желаний, которые вместе входят в рубрику животных желаний человека, должно быть обработано так, чтобы можно было перевести его из эгоистического значения в альтруистическое. Об этом говорится очень много – все, что связано с законами так называемого кашрута, то есть очищения от эгоизма.

Затем идут желания человеческие – тут уже человек должен работать над собой. Это самое высшее намерение – коэн, ниже – левит, еще ниже – это Исраэль (массы) и так далее.

Но если там используется жертвенник, на который кладется жертва, то что используется в человеческих желаниях?

Все происходит внутри человека. В нем находятся четыре вида желаний: неживое, растительное, животное, человек.

Человек приносит в жертву эти желания. Что значит «в жертву»? Он изменяет их с эгоистического уровня на альтруистический. Конечно, это жертва – *курбан* на иврите.

Но, с другой стороны, это не жертва. *Курбан* происходит от ивритского слова *каров*, что означает «близкий». То есть жертва – это то, что приближает тебя к Творцу.

Все правила, все законы, которые установлены Торой, только и говорят об исправлении эгоизма. Поэтому самая главная часть – это курбанот, этапы приближения человека к Творцу в исправлении своего эгоизма на альтруизм, от ненависти к другим – на любовь к другим.

Уже было много действий: выход из Египта, проходы. Вдруг сейчас Вы говорите, что это одна из самых главных глав. А на самом деле как бы ничего не происходит: положил мясо на жертвенник. Воскурилось…

Как же ничего? Возьми отрежь от своего эгоизма, попробуй так сделать. Это очень не простая процедура. Дело в том, что все делается внутри человека.

Человек собирается вместе с другими, и в обсуждениях, в выяснениях альтруистического типа поведения они сидят вместе и анализируют все элементы своего внутреннего и внешнего поведения. Они обсуждают, как воздействовать друг на друга, как такая группа воздействует на каждого из ее участников.

Таким образом они постепенно выясняют, как каждый внутри себя может выявить такие альтруистические свойства, которые действительно смогли бы приподнять его над эгоизмом на альтруистическую плоскость. Каждый индивидуально, но с общей силой, которую они выявляют между собой устремлением к отдаче и любви. Это и есть переход из нашего мира в Высший мир.

Может быть, поэтому Книга Зоар начинается так:
99) «Вот как хорошо и как приятно сидеть братьям также вместе»... Благодаря их любви назвал их Творец рабами, как сказано: «Мне сыновья Исраэля рабы, Мои рабы они». А затем назвал Он их сыновьями, как сказано: «Сыновья вы Творцу вашему». А затем назвал Он их братьями, как сказано: «Братья Мои и ближние Мои». И поскольку назвал их братьями, пожелал водворить в них Свою Шхину (то есть как бы свой свет), и не оставит Он их. И потому сказано: «Вот как хорошо и как приятно сидеть братьям также вместе».[8]
Почему глава «Ваикра» – «И призвал» начинается с жертвы?

Люди идут на жертвы, приносят жертвоприношения, то есть начинают работать на объединение против своей исконной природы, чтобы проявить в себе Творца.

Творец вселяется в них. Постепенное вселение Творца в человека происходит по ступеням: неживой, растительной, животной, человеческий. Поэтому и называются они – рабы, сыновья и братья.

То же самое как между собой, так и относительно Творца, когда они достигают абсолютно полной взаимосвязи.

Они – братья между собой и братья с Творцом?

Да. Если они все вместе, то становятся братьями.

---
8   Книга Зоар с комментарием Сулам. Сокращенное издание под редакцией М. Лайтмана / Глава Ваикра / Глава Ваикра, п. 99.

Эта связка и называется – братья? Один брат не может быть?

Нет, нет. Только, когда вместе, они превращаются в братьев.

РАСКРОЙ – И НЕ БУДЕТ ТАЙНЫ
Дальше в Книге Зоар сказано:
Нет ни одного слова в Торе, указывающего на слабость или разбитость, и когда ты изучишь это слово и постигнешь его, ты увидишь, что оно по силе своей, «как молот, разбивающий скалу». А если слабо оно, то это – в тебе. Сказано: «Ибо это в вас не слово пустое». А если пустое оно, то это – в вас.[9]

Если даны нам все эти условия, принципы, определения, правила, а мы их не выполняем, то мы пустые. Мы пустые – мы не можем наполняться тем светом, который уготован нам в мере нашего исправления. Если мы ощущаем, что в Торе что-то пустое, то это мы пустые.

Тора – полная, это свет напротив нас, а мы пустые? В принципе, такое пустое прочтение у большинства человечества.

Да. Надо с этим что-то делать.

Это можно воспитать в человеке?

По крайней мере, раскрыть ему его настоящее состояние, показать, что это он пуст. Только раскрыть очень

---

[9] Книга Зоар с комментарием Сулам. Сокращенное издание под редакцией М. Лайтмана / Глава Ваикра / Глава Ваикра, п. 88.

осторожно. Так, чтобы с помощью материала, наводящих вопросов человек сам раскрыл свое состояние.

Он должен это сделать – не ты. Тогда это будет его постижение. И тогда, исходя из своего постижения, он будет себя менять.

Никакое, даже минимальное давление ни к чему не приведет? И научить человека тоже невозможно?

Не может быть никакого давления, даже самого минимального. И научиться он должен сам. Ты просто вводишь его в такое общество, в такие обстоятельства, где он научится.

Поэтому Вы все время отдаете предпочтение семинарам, где происходит это взаимное дополнение?

Да, только лишь взаимность. Учитель должен сидеть рядом, где-то в стороне и лишь корректировать издали.

Дальше написано в Книге Зоар:

И считается раскрытие светов четырех букв «йуд-куф-рейш-алеф» («икра» – позвал) приглашением и призывом к Моше войти в Шатер Собрания.[10]

«Раскрытие светов четырех букв» – это и есть раскрытие Творца в четырехбуквенном имени? Это и есть Его призыв к Моше?

Да. Но что значит – «раскрытие»? Наше желание состоит из четырех стадий. Постепенное исправление наших желаний со стадии самой светлой и до самой темной,

---

10 Книга Зоар с комментарием Сулам. Сокращенное издание под редакцией М. Лайтмана /Глава Ваикра/ Глава Ваикра, п. 16.

эгоистической – это и есть постепенное проявление света Творца, исправляющего в нас эти желания и наполняющего их. Таким образом раскрывается в нас имя Творца. И Творец раскрывается в нас.

«И воззвал» – это как бы последнее наполнение?

Да. Постепенно мы постигаем Творца по этим четырем буквам – четырем ступеням исправления нашего эгоизма. Вот и все, ничего другого здесь нет.

Говорится: «Особое тайное имя Творца». Тайное, потому что ты еще не раскрыл Его в себе. Раскрой, и будет не тайна.

Все говорят: «Не произноси и не пиши».

Да. Ты никак не можешь его написать и произнести, потому что оно выявляется в тебе внутри. Наружу ты это раскрыть не можешь. В этом-то и заключается трагедия человека. Как говорится, «если бы молодость знала, если бы старость могла».

Тут то же самое: ты постигаешь, но рассказать или показать кому-либо не в состоянии. Потому что у того, кому ты можешь передать, должны быть такие же адекватные свойства.

Слово «запрет» не означает, что это запрещено? Запрет – это не могу? Даже если я 150 раз произнесу имя Творца, – ничего не произойдет.

Да. Сейчас есть все книги. Ничего другого не надо.

Почему раньше книги были закрыты? Чтобы люди зря не путались в них. Когда эгоизм дозрел и уже может использовать их более-менее правильно для того, чтобы исправлять себя, тогда книги раскрылись миру.

МУЖСКОЕ И ЖЕНСКОЕ НАЧАЛО

Дальше идет очень интересная запись.

63) «Неженатый не берется в расчет. Потому что жертва его – не жертва, и нет у него благословений, ни наверху, ни внизу. И в отличие от человека, приносящего жертву, он не считается «человеком», то есть не относится к свойству «человек» (адам), и Шхина не пребывает над ним, так как он порочен. И он считается ущербным, а ущербный отдаляется от всего – и тем более, от жертвенника, на котором совершается жертвоприношение.[11] Говорится о том, что человек без пороков должен принести жертву.

В духовном смысле слова это звучит гораздо проще. Неженатый – это нежелающий работать со своим эгоизмом. У него существует только одна часть – мужская. Любит спокойно лежать на диване, читать газету, смотреть телевизор, футбол – обычные мужские склонности. Тот, кто в нашем мире не желает тянуть на себе заботу о семье.

В духовном тот, кто не желает работать над своим эгоизмом, не называется человеком. Человек – это образ, который мы постепенно взращиваем в себе по мере исправления нашего эгоизма на альтруизм.

Человек – нет такого в нашем мире. Мы – те же животные, что и все остальные. В той мере, в которой внутри нас начинает вырастать образ подобия Творцу, развивается человек, Адам (*домэ* – подобный Творцу).

Можно провести какую-то аналогию с нашим миром?

---

11   Михаэль Лайтман /Книги/ Книга Зоар с комментарием Сулам. Сокращенное издание под редакцией М. Лайтмана / Глава Ваикра / Глава Ваикра, п. 63.

Что происходит в нашем мире? Люди не хотят жениться? Какая разница, будет ли он лежать на диване сам по себе, или будет говорить: «Подай мне кофе на диван».

Человек, который на самом деле занимается духовными исправлениями, должен понимать, что копание в собственном эгоизме, борьба с ним, его выявление в правильном виде – действительно и есть его работа. Это то, что должен делать мужчина со своей женой, то есть со своей половиной, которую он делает из себя – из своего исправленного эгоизма. Здесь предстоит большая работа.

Женщины в процессе этого исправления, особенно в наше время, очень важны. Они правильно понимают методику исправления и очень серьезно готовы в ней участвовать. Я всячески приветствую их движение, их порывы – правильные, серьезные, устремленные. Они очень помогают и друг другу, и мужчинам.

То есть они как бы даже ведут к исправлению мужчин, получается? Правильно говорится, что мужчина – это голова, а женщина – шея?

В общем, да. Они намного серьезнее, чем мужчины. И я надеюсь, что они смогут еще в большей степени поворачивать эту голову.

Развивается мир, развиваемся мы, и видно, что необходимость в женщинах обнаруживается все больше.

Читаем дальше:

73) Жертва всесожжения поднимается (на иврите – оле) над сердцем к мысли, которая выше сердца...[12]

---

12 Михаэль Лайтман /Книги/ Книга Зоар с комментарием Сулам. Сокращенное издание под редакцией М. Лайтмана /Глава Ваикра/ Глава Ваикра, п. 73.

Над желаниями к намерению. Над сердцем к мысли.

Известно, что только мысль может подняться выше сердца. И эта мысль (написано «хохма») относится к свойству мужской стороны – захар, а сердце – к женской. Известно, кто стоит над сердцем – помысел. Этот помысел, то есть хохма, относится к мужской категории, а сердце – женская категория, бина (понимание). И «сердце понимает» – когда она получает от хохмы. Поэтому жертва всесожжения поднимается наверх, и все эти жертвы – мужского пола.[13]

Да, и все они сжигаются. От жертв поднимается дым, огонь – все, что восходит.

Это аллегория того, что все должно подняться к мысли. А мысль абсолютно не передается материально.

Всесожжение превращается в ничто, как бы в дым? И поднимается к мысли тоже неосязаемо?

Да. Но это аллегории в нашем мире. Конечно, нет никакого смысла воображать их в материи.

Имеется в виду чисто внутренние эмоциональные исправления человеком своих желаний, намерений, и не более того. Тора не требует от нас непосредственно этих действий.

Мы видим, что происходило с людьми в конце того исторического периода, когда заканчивалось существование Второго Храма. Они с еще большим рвением механически выполняли все предписания – сжигали этих

---

13 Михаэль Лайтман /Книги/ Книга Зоар с комментарием Сулам. Сокращенное издание под редакцией М. Лайтмана/ Глава Ваикра, п. 73.

несчастных животных и так далее. А внутри себя ничего не делали. Поэтому Второй Храм разрушился.

Первый Храм – тоже было состояние, подобное этому, но он еще находился на более высоком духовном уровне. Второй Храм уже окончательно пошел вниз. Внутреннее исправление уступило место механическому выполнению заповедей.

Это можно представить себе материально? Допустим, я хочу есть – это материально. А мысленно, неосязаемо: ради чего – ради себя, не ради себя?

Не надо говорить об этом «я хочу есть». Это только имеется в виду, что материально, но не говорится так. Сказано, что надо садиться и поедать эти жертвоприношения. Тут имеется в виду: в исправленные желания принимать свет хохма, свет мудрости. А не о том, что надо физически употреблять это мясо.

Настолько аллегорически это сказано, что действительно вызывает у неподготовленного человека совершенно иные представления, эмоции. Большая проблема перейти с языка аллегории на духовную часть, на истинный смысл.

ВЛАДЕЙ СВОЕЙ ТАЙНОЙ

Дальше написано.

Корень всех грехов в том, что левая линия преобладает над правой. У каждого человека есть корень наверху. Тот, кто грешит, усиливает силу левой линии и отделяет ее от правой, вызывая разногласия между левой и правой стороной. Подобно разногласию между ними до того как средняя линия включила их в себя. И все это делает

грешник наверху в корне своей души.[14]
Это тоже мы воспринимаем, как духовную часть. Но вверху есть твой двойник, и все твои действия зеркально отображаются там?

Я представляю это очень просто. В нашем мире, какие бы действия вы ни делали, они не характеризуются ничем иным, кроме как намерениями.

Все зависит от намерения. Я убиваю какое-то животное: для чего я это делаю. Могу делать кому-то подарки и одновременно совершать какие-то ужасные вещи. А могу делать доброе и хорошее.

Любые наши поступки характеризуются намерениями. Но намерения – они скрытые. Поэтому каббала называется тайным учением. Она учит тебя владеть своей тайной, то есть своими истинными намерениями – тем, что на самом деле находится за твоими решениями, идеями.

Ты начинаешь четко себя исследовать, и твой анализ тебе показывает, что ты во всем эгоист. Действуешь только себе, якобы, на пользу, а на самом деле, себе во вред. Как изменить себя, чтобы действовать наоборот: себе в пользу, а эгоизму во вред? Вот это проблема.

Вся наша работа заключается внутри нас. Поэтому называется учение тайным. Здесь не видно, что делает человек. И вообще, кто он такой и что он такое – никак не видно!

Вы все время говорите, что все внешние науки не требуют изменения человека-исследователя, а наука каббала требует изменения ученого.

---

14 Михаэль Лайтман /Книги/ Книга Зоар с комментарием Сулам. Сокращенное издание под редакцией М. Лайтмана /Глава Ваикра/ Глава Ваикра, п. 411.

Да, требует внутреннего изменения человека, а не внешнего. Тут никак не поможет никакая игра ни перед кем.

Еще один отрывок из Книги Зоар:
324) Счастливы праведники, которых обучает Творец сокровенным тайнам высших и низших ступеней. И все это с помощью Торы, ведь каждый, кто занимается Торой, венчается постижением Его святого имени. Ибо Тора – это святое имя. И тот, кто занимается ею, отмечается этим святым именем и венчается им. И тогда он познает скрытые пути и сокровенные тайны высших и низших ступеней. И не страшится никогда.[15]

Тора – это привлечение высшего света. Привлекается он только из связи между собой и другими. Для этого надо создать определенный круг людей, которые могли бы приподняться над своим эгоизмом и в связи между собой раскрыть силу отдачи, любви, которая существует в природе. Но эта тайная сила скрыта, это так называемый «Тайный ангел», книгу с таким названием написал Адам. Тайный ангел, то есть сила, которая существует внутри природы, но не обнаруживается нами. О раскрытии этой силы он и написал. Нам надо сделать то же самое, что сделал Адам.

Но Адам был один. А мы говорим о соединении.

Адам – это совокупный образ. Если мы дойдем до такого состояния, когда будем как один, одно целое с одним сердцем – Адам, тогда мы раскроем силу «тайный ангел».

---

[15] Михаэль Лайтман /Книги/ Книга Зоар с комментарием Сулам. Сокращенное издание под редакцией М. Лайтмана /Глава Ваикра/ Глава Ваикра, п. 324.

ПОСТРОЕН ДОМ

Вот еще отрывок из «Большого комментария», относящийся к главе «И призвал».

Когда Творец из всего народа призвал только Моше и никого другого, это означало: «Моше, Я знаю, ты огорчен тем, что лишен возможности внести, как все остальные, свой вклад в строительство. Но знай, что у тебя другая задача, более важная, чем у них. Их работа закончена, твоя сейчас только начинается. Я призываю тебя в Шатер, чтоб дать тебе наставления о жертвоприношениях, которые ты разъяснишь и передашь потом народу. Твое обучение народа Торе милее мне, чем их золотые и серебряные приношения».

Речь идет о работе на следующем уровне. Можно сравнить с периодами, когда человек строит дом или когда уже начинает делать что-то внутри, начинает жить в нем. Строительство дома – это простая работа, которую выполняют строители. Внутри дома уже можно производить другие работы более высокого порядка.

Так и здесь. Наша работа зависит от эгоистического уровня, над которым мы работаем в данный момент. Всего есть пять уровней – нулевой, первый, второй, третий, четвертый.

Работа Моше самая высокая, последний уровень. Она расходится еще на много других уровней: коэны, левиты и так далее – это все, что делает человек своим высшим желанием, которое называется Моше.

Более низкие желания – это те, которые строят дом. Еще ниже – те, которые заняты на работах вокруг. И так далее. Каждый уровень относительно другого – это совсем иной духовный уровень.

В духовном мире, когда человек проходит эти работы, у него появляется другое постижение: мир Асия (самый низший уровень) – это уровень выполнения. Асия в переводе – действие. Затем идет Ецира – это создание.

Бецалель входит, наверное, в этот уровень?

Да. Потом уровень Брия – уже сотворение, когда человек становится партнером по сотворению. И затем Ацилут – когда он входит уже в намерение.

Вот четыре вида работы. Постепенно поднимаясь по ним, человек продвигается в своей духовной работе. И высший уровень – это уровень Моше.

Здесь заканчивается уровень нашего желания под названием «Бецалель»? Или нельзя так сказать? Построен дом. Теперь надо заниматься его очисткой. Моше работает по очистке этого дома. Это жертвоприношение?

Это не очистка. После того, как все построено, начинается работа с самим этим инструментом. Создан инструмент – начинают с ним работать.

Шатер, двор, который его окружает, все внутри, утварь и все остальное – это не материальные предметы. Это элементы души человека, которые уже исправлены и находятся между собой в соответствующей связи.

Чувства, мысли, намерения собраны в особой пропорции, и человек четко направлен на то, что все его желания и мысли находятся в отдаче обществу. Через общество – на Творца так, как сказано: «От любви к ближнему – к любви к Творцу».

Иначе любовь к ближнему не принесет никакой пользы, и ты не достигнешь цели, потому что цель – это Творец. В любом случае, куда бы ты ни повернулся, ты должен соблюдать эту цепочку: «Через любовь к ближнему – к любви к Творцу».

Когда собраны все инструменты, когда все это создано, тогда вся схема проявляется в человеке, все его чувства, мысли, его соотношения со всем окружающим. Имеется в виду: группа, народ, маленькая или большая общность людей.

Это и есть душа человека?

Да, это и есть душа человека. В нашем мире это овеществляется в людях. Но когда человек начинает с этим работать, он чувствует не людей, а их внутренние мысли, желания.

Если вопреки своему эгоизму человек начинает соединяться с людьми, то здесь появляется сопротивление. Исправляя это сопротивление – так называемое злое начало, он начинает ощущать там Творца. Это и есть явление Творца в Шатре Завета.

Что в данном случае означает жертвоприношение – работа Моше? «У тебя есть важнее работа, – сказал Он, – ты сейчас займешься законами жертвоприношения».

Моше – это часть нашей души, которая находится в контакте с Творцом. Через Моше мы получаем все указы, раскрытия, исследования – все, что необходимо нам, чтобы уподобиться Творцу, поднять себя на уровень отдачи, любви, на уровень Адама, на уровень Древа познания.

С этой стартовой точки мы читаем эту главу. Она, с одной стороны, непростая; с другой, Вы так объясняете, что все становится просто.

/1/ И ПРИЗВАЛ МОШЕ БОГ, И СКАЗАЛ ЕМУ ИЗ ШАТРА ОТКРОВЕНИЯ, ГОВОРЯ: /2/ «ОБРАТИСЬ К СЫНАМ ИЗРАИЛЯ И СКАЖИ ИМ: КОГДА КТО-НИБУДЬ ИЗ ВАС ЗАХОЧЕТ ПРИНЕСТИ ЖЕРТВУ БОГУ, ТО ИЗ СКОТА КРУПНОГО ИЛИ МЕЛКОГО ПРИНОСИТЕ ЖЕРТВУ ВАШУ».

Так начинается глава.

Как только возникает в человеке возможность...

Что значит «желает»? Желает – при этом ты идешь против себя. Желать – это не просто взять и заколоть какую-то скотину, как сказано. Это заколоть свою собственную скотину, то есть свои собственные желания!

Желания человека состоят из четырех уровней: неживые, растительные, животные и человек. Мы можем поставить их на пользу обществу абсолютно альтруистически, без всякой отдачи себе, когда все наши желания, цели, помыслы находятся только в них. Это подобно тому, как мать относится к своему ребенку: только ему! И больше ни о чем не думает. Правда, это ее эгоистическое желание.

Человек может таким образом настроить себя. Но это длительная работа в обществе, в группе, с изучением и привлечением света, который тебя исправляет, – это целая техника. Но когда человек доходит до такого уровня, то он постепенно приносит части своего желания со стороны получения на сторону отдачи.

Во мне есть такие желания, в которых раньше я пытался получать для себя какие-то выгоды за счет других, – неважно, как. Теперь, когда я работаю по этой определенной методике, свет воздействует на меня, он меняет во мне желания с эгоистических на абсолютно альтруистические.

Это не альтруизм нашего мира, но все-таки мы назовем так, потому что других слов у нас нет. Надо понимать, что речь идет об абсолютной отдаче и любви к ближнему без всяких выгод для себя.

Когда в человеке начинает работать эта ступень, тогда он и приносит жертву, то есть отрывает кусочки от своего эгоистического желания. Он переводит его на альтруистическое служение другим. И получается жертвоприношение.

Неживое, растительное, животное – все желания участвуют в этом. И человек тоже. Но человек не в качестве того, что его режут и съедают. Как и в нашем мире, все желания: неживое, растительное, животное – служат человеку. А человек служит Творцу. Человек вбирает желания в себя, состоит из них и возносит их в своей работе.

Как бы приносит Творцу себя, получается?

Да. В итоге, четыре вида своих желаний: неживое, растительное, животное, человек – вознести к свойству отдачи и любви абсолютной, безвозмездной, беззаветной.

ТВОРЦА НЕТ, ОСТАЕТСЯ ЧЕЛОВЕК

Вот что написано в «Большом комментарии»:
Какие виды животных принимаются в качестве жертв?
Здесь, домашние животные.
Творец сказал: Существуют десять видов пригодных животных, – как бы, «кошерных» мы говорим, – из них три вида домашних и семь – диких.
Не желая возлагать на вас трудную задачу – охотиться

на зверей на холмах и в полях — Я объявляю семь диких животных негодными для принесения жертвы. Только три вида животных кошерны в качестве жертвы. Это:
- бык;
- баран;
- козел.

Каждое из этих животных связано с моментами из жизни наших праотцов:
- Бык указывает на заслугу Авраама, побежавшего заколоть быков, чтобы накормить своих гостей.
- Ягненок напоминает об Ицхаке, вместо которого принесли в жертву барана.
- И козел символизирует третьего из наших праотцов, Яакова, которого наставляла его мать Ривка: «Возьми двух козлят из стада и принеси их своему отцу». И сказал Творец: Они действительно хороши, не только для тебя, но и для твоих потомков. Через козлят будут искупаться их прегрешения.

Что означают эти добавления, именно это соотношение?

Три линии. Говорится, как человек должен сортировать в себе желания, и с помощью каких желаний он приходит к самой высшей работе. Это уже линия Яакова — третья линия, средняя линия, то есть включающая в себя и плюс, и минус.

Авраам — это хэсэд, мы говорили.

Авраам, Ицхак, Яаков — хэсэд, гвура, тифэрэт. Каждому соответствует свое животное. Все они являются кошерными, то есть годными для служения ради отдачи — через общество на Творца.

Глава «И призвал»

/3/ ЕСЛИ ИЗ КРУПНОГО СКОТА ЖЕРТВА ЕГО ДЛЯ ВСЕСОЖЖЕНИЯ, ТО ПУСТЬ ПРИНЕСЕТ ОН САМЦА БЕЗ ПОРОКА.

Что значит, «самец без порока»?

Абсолютное свойство отдачи. Оно должно быть проверенное! Оно должно быть абсолютно верное. То есть на всех уровнях его работы ты должен проверить, что твое намерение действительно направлено на отдачу, а нигде в нем — на получение.

Это называется «без порока»?

Да. Когда ты начнешь получать в свойство «ради отдачи», то обнаружишь, что на самом деле находишься в пороке. Ты не можешь противодействовать огромному наслаждению, которое приходит, и не можешь отдавать его.

Допустим, ты бедный, голодный, и через тебя начинают передавать мешки с золотом или блюда с пищей. Каким образом ты можешь действовать?

И это еще ничего. Есть намного большие желания и всевозможные раздражения нашего эгоизма. Это — не просто пища и не просто голод, не просто богатство, а, скажем, огромная зависть или огромная ненависть.

Допустим, что своему ненавистнику и человеку, которого ты ненавидишь, который истязал твоих самых любимых, ты должен безвозмездно делать все хорошее. Делать так, что он об этом не знает и даже продолжает тебя ненавидеть. Что-нибудь подобное.

Всегда меня поражает это! Как можно дойти до этого...

Такого изуверства, вроде бы. Но да, на самом деле так.

Если жертвоприношение с пороком, то оно провально?

Смотря на каком уровне. На каждом уровне – свои требования.

И дальше короткое продолжение:
КО ВХОДУ В ШАТЕР ОТКРОВЕНИЯ ПУСТЬ ПРИВЕДЕТ ЕГО ПО СВОЕЙ ВОЛЕ К БОГУ.

По своей воле – что это означает?

Своим решением, исследованием своих желаний постепенно человек сможет определить, какое из них уже готово абсолютно беззаветно работать на отдачу другим, то есть ни в коем случае без какой-либо выгоды для себя.

Он должен проверить все свои желания, на каком уровне бы они ни были, и сам градуировать их, определить, до какого уровня он может жертвовать и выше какого не в состоянии.

Это называется «по своей воле»? То есть «сканирование» производится им самим?

Да. Но это очень четкая работа: ты постигаешь свою внутреннюю природу относительно Творца и видишь, что только до такого-то уровня я могу в чем-то уподобиться Ему. Все остальное во мне – это просто скотина, не может по-другому!

Человек может это сделать?

Он делает это! Этим он определяет свой уровень! Он строит сам в себе духовную лестницу.

Вся работа с экранами из этого состоит? Это антиэгоистические экраны, как мы говорим?

Да. Таким образом человек познает всю схему и активно работает в подобии Творцу. В той мере, в которой может уподобиться, он замещает как бы Творца. Творца нет, остается человек.

МОСТИК В ДРУГОЕ МИРОЗДАНИЕ

Это всегда меня пугает, когда Вы говорите: «Творца нет, остается человек».
Почему?

Мы все время говорим, что Он есть, и идет движение к Нему.

Нет, мы говорим только о том, что постигаем. Если сейчас ты не постигаешь, то разве Он есть?

Самая главная наша проблема в том, что существуют какие-то аксиомы, априори вбитые в нас, которые мы должны из себя просто выжечь, вырезать. И одна из них – это то, что существует Творец.

Существование Творца уже предполагает, что ты находишься с Ним в каком-то контакте. А ты не должен строить, не должен определять, ты не должен лепить эту суть!

Без человека – нет Творца и без Творца – нет человека! Поэтому Творец и называется Борэ – *Бо у-рэ* (приди и увидь). А если ты не приходишь? Ты не видишь! То есть Его нет.

В Вас существует внутренняя борьба, сопротивление этой фразе, которая есть в религиях: «По указанию Творца ты это делаешь»?
Да. Конечно!

Каббала не предусматривает никаких указаний, а только возможности в той мере, в какой развит человек. Все желание, намерение, весь план направлены на то, чтобы развить человека! И чтобы из себя он раскрыл, создал образ, который может называть Творцом.

Каждый раз он создает его все выше, и для него Творец, создаваемый им, становится все выше.

Но это сложная вещь, которую я не советую принимать относительно простого человека. Это такая концепция, которая строится в человеке, когда у него проявляются новые, именно духовные основы, чувства, определения, ощущения.

Это состояние какого-то движения? Для вас указание – это одно? А в Вас существует стремление и усилия двигаться, которые развиваются в человеке?

Указание есть, потому что я чувствую его изнутри себя.

Что значит «указание»? Где указано?! И кто это выполняет, даже если где-то написано? Никто не выполняет! Если эгоистически кому-то выгодно, он это делает – по своей природе. Если по своей природе это эгоистически невыполнимо, то не будут делать, потому что не смогут.

Не могу – значит, не в состоянии, не хочу, потому что устроен не так. Тут нет разницы между «хочу» и «выполняю».

Когда люди не занимаются своей природой, не берут ее за основу, которую надо менять, которую надо форматировать как-то по-другому, тогда для них существует фраза «указал и сделали». Иди и сделай! Ты можешь себя изменить? Попробуй! Мы не видим, что есть изменения в лучшую сторону, только в худшую все продолжает катиться и развиваться.

Глава «И призвал»

Понятно. Это как с землей: сначала надо ее перевернуть, а потом в нее сеять? Так и с природой человека?

Ну, конечно! Какие тут могут быть указания?! Как и что указывается?

Если изнутри себя человек чувствует какое-то побуждение и, возрастая, оно начинает в нем гореть, то в мере этого человек работает на то, чтоб реализовать это побуждение.

Внутри он вдруг раскрывает новую цель. Для достижения новой цели необходимы определенные действия. Он не смотрит в книжку, это ему не поможет! Его желания другие, чем то, что написано в книге, которую он просто ставит в сторону. Мы видим, что это происходит со всеми религиями.

Все действия происходят только внутри человека, по тем параметрам, которые в нем собираются, соединяются, ему говорят и им руководят.

Совершенно глупо думать, что мне что-то скажут, и в соответствии с этим я переменюсь. Нет. Если так происходит, значит, меня просто программируют, я зомби. А что же еще?! Прочитал книжку, как автомат какой-то: читаю инструкцию и сам в себе все переставляю через какую-то особую технику. Меня отключают от моего системного аналитического аппарата, и я просто животное в их руках, я уже не человек.

Человек – это тот, кто с помощью своей свободы воли, аналитического аппарата, постепенно анализируя все, что с ним происходит, приходит к определенным выводам, которые находятся за пределами природы человека.

Человек начинает понимать, что существует какой-то мостик перехода в другое мироздание, в другой мир. Здесь и начинается каббала.

Это и есть основа жертвоприношения?

Этот мостик и есть жертвоприношение. Переход своих желаний из эгоистических в альтруистические происходит через этот узкий мостик. Перенос желаний отсюда туда.

Одно предложение – и сколько в этом глубины!

ОКРОПЛЕНИЕ КРОВЬЮ

Дальше идет так:

/4/ И ВОЗЛОЖИТ РУКУ СВОЮ НА ГОЛОВУ ЖЕРТВЫ ВСЕСОЖЖЕНИЯ, И ПРИОБРЕТЕТ ОН БЛАГОВОЛЕНИЕ ВО ИСКУПЛЕНИЕ СВОЕ.

/5/ И ЗАРЕЖЕТ ТЕЛЬЦА ПРЕД БОГОМ...И СО ВСЕХ СТОРОН ОКРОПЯТ КРОВЬЮ ЖЕРТВЕННИК.

Постоянно идет возложение руки на голову. Со всеми жертвоприношениями так происходит. Что это означает?

Хэсэд – правая рука, которая должна быть выше всех наших мыслей и чувств. Отдача и любовь, милосердие – превыше всего.

В нашем мире такое свойство, вроде бы, означает слабость. Если кто-то любит меня настолько, что все время милосерден ко мне, я начинаю этим пользоваться эгоистически, сразу же сажусь ему на голову.

В духовном мире наоборот хэсэд – это самое великое свойство. На нем базируется вся духовная природа.

Возложил руку свою на голову жертвы. Такого свойства достигает тот, кто все свои желания и намерения (голова – это намерение) подводит под уровень выше знания. Вера выше знания, то есть в нем все – на отдачу.

Я кладу свою руку на его голову, то есть придаю намерение этой жертве?

Да. Все мысли и желания, разум и сердце находятся под властью новой силы, которую человек обретает, – силы милосердия.

А кровь? Вы говорили, что это закон – дин?

Кровь – это сила жизни. Это четвертая часть, самая внутренняя часть эгоистического желания. Поэтому из жертвы выпускают всю кровь и только потом ее съедают. Нельзя ни в коем случае употреблять кровь в пищу, ни в каком виде! Как ни странно, нас обвиняют именно в обратном.

Окропление кровью четырех углов жертвенника. Четыре стороны жертвенника, четыре угла означают четыре эгоистических свойства. Нулевое, первое, второе и третье – неживой, растительный, животный и человеческий уровни в природе человека. Из них должно быть удалено самое внутреннее эгоистическое желание, которое и является кровью.

Окропление – это значит, что я вытащил все свои желания и окропил их снаружи. Этим я подтверждаю, что мое жертвоприношение, то есть та часть, которая выделена из моего эгоистического желания, является жертвенником и действительно альтруистическая. Вся направлена на заботу и любовь к ближнему.

Вся кровь вокруг. А внутри нет крови?

Нет. Это таким образом символизируется в нашем мире.

В духовном мире не так. В духовном мире – это окружающий свет, который работает против внешних келим (желаний, сосудов), которые мы не в состоянии исправить. Поэтому только внутренние свойства называются жертвенником. Здесь тоже надо объяснять, что такое углы!

Имеется в виду: исправление желания, которое можно привлечь к альтруистической работе. Ничего другого нет вообще во всей Торе и во всем нашем исправлении! Только постепенный перевод эгоизма на пользу ближнего, на пользу Творца.

Вы все время говорите, что существуют две силы и между ними экран. Вся работа происходит с ними. Только об этом и разговор.

Ничего другого нет в природе.

Вдруг так просто это звучит! Сегодня Вы на уроке сказали. Вроде, слышал это тысячу раз, и вдруг снова новое ощущение...

Потому что слышится только в той мере, в которой происходит внутренний отклик.

ОТ ПЕРЕСТАНОВКИ МЕСТ СЛАГАЕМЫХ МЕНЯЕТСЯ ВСЁ

Мы продолжаем главу «И призвал», говорим о жертвоприношениях, об основной работе Моше. Непосредственно он не участвовал в строительстве, а сейчас занимается наполнением этого дома.

Все указания дает Моше – высший уровень постижения в человеке. Только с этого высшего уровня человек начинает понимать, каким образом все желания в нем должны обратиться и соединиться между собой так, чтобы все они работали на отдачу и любовь к ближнему и через это – к Творцу.

Только Моше – только эта точка может постичь такое состояние души, понять, каким образом она должна быть сформирована.

В дальнейшем сборка этих частей тоже требует особого углубления в чувства, в свойства эгоистической материи: каким образом можно соединить ее так, чтобы она работала как альтруистическое свойство самого света. Это уже свойство Бецалеля.

Моше – это постижение Творца. Бецалель – это реализация из эгоистических желаний облика Творца.

Бецалель – только практик?

Да. Но практик мудрый сердцем.

Есть мудрость разума, постижение – это Моше. Есть мудрость и работа сердцем – это Бецалель.

Бецалель – бэ-цель Эль (в тени Творца). Моше создает тень от Творца, Бецалель постигает эту тень, лепит из нее эгоизм и из эгоизма лепит подобие.

Моше делает как бы сокрытие Творца? Под этой тенью может работать Бецалель?

Да. Но надо понять, что все происходит внутри человека. Это его разные свойства.

То есть человек может брать эгоизм, как глину, и лепить из него фигуры?

Да, по-другому переставляя их. Мы ничего нового не производим, а только лишь переставляем важность.

Когда-то я использовал тебя определенным образом для своего удовлетворения, эксплуатировал в чем-то. Сейчас я делаю наоборот: использую себя, как бы надуваю себя для твоей пользы.

Происходит перестановка слагаемых. При этом меняется всё.

Происходит переход от «ко мне» – «к тебе»?

Да. Кто впереди, кто важнее – это определяет всю разницу между мирами.

Соединение необходимо не ради соединения, а соединение для того, чтобы постичь в нем Творца. Если я ухватился за Моше в себе, я уже не отпущу его? Или он меня не отпустит? Я ухватился и иду за ним?

Такого не бывает. Что значит – иду? В тебе меняются желания, свойства. Каждый раз ты должен хвататься за Моше. Каждую секунду.

Секунда от секунды отличается тем, что происходит смена желаний. Смена желаний – и снова ты должен ухватиться. От мгновения до мгновения – так происходит эта работа. Есть падения и есть подъемы.

Дальше в этой главе говорится, что жертву разрезают, приносят огонь, раскладывают эти части...

/9/ А ВНУТРЕННОСТИ И ГОЛЕНИ ЕЕ ВЫМОЕТ ОН ВОДОЮ; И ВОСКУРИТ КОЭН ВСЕ НА ЖЕРТВЕННИКЕ: ЭТО ЖЕРТВА ВСЕСОЖЖЕНИЯ ОГНЕПАЛИМАЯ, БЛАГОУХАНИЕ, ПРИЯТНОЕ БОГУ.

Жуткое дело, да? Режут какую-то тушу, разделывают ее на части, моют, жарят на огне. Всё делают вкусно и хорошо, солью посыпают с перчиком – всё нормально. Но – сжигают. Когда начинают сжигать, это благовоние?!

Да, написано: «Благоухание, приятное Богу».

Что же это значит? Ты возносишь те части своего животного желания, которые не можешь использовать ради Творца. Ты не можешь их съедать, то есть не можешь получать в них ради отдачи. Ты возносишь их на следующую ступень в виде дыма, в виде огня, – они исчезают. Ты не наслаждаешься ими, а наслаждаешь Творца.

Наслаждаешь благоуханием – имеется в виду свойство руах (дух). То есть поднимаешь эти части на следующий уровень, на следующую ступень. Благоуханий тут никаких нет.

Ты не берешь себе, не съедаешь, не наслаждаешься этим, а можешь только поднять от себя на следующую ступень.

Далее говорится, что из мелкого скота, овец, коз тоже приносят самца без порока…

Неважно. Любые желания, которые раньше использовал эгоистически, сейчас ты должен сделать кошерными, то есть годными для отдачи другим.

В нашем мире нет такого предмета, материала (под материалом имеется в виду желание), которое ты можешь прямо использовать на отдачу. Ты должен провести с ним определенные действия, то есть преобразовать неживые, растительные, животные, человеческие желания (смотря о каком уровне речь). Об этом и рассказывает вся Тора.

Жертвоприношения, материалы, из которых делается Скиния Завета, Ковчег, крувим (ангелы, которые находятся на его крышке), завесы, семисвечники. Каким образом все выполняется, из чего и как? Кто это должен делать? При каких условиях? От кого брать материал и где его получать?

Мы изучаем, как строили храм. Брали кедры из Ливана, привозили откуда-то медь, брали шерсть с особых баранов. Откуда это все? Так описано потому, что ты должен выбрать эти части своих желаний, эти свойства именно в таком виде.

Человек должен понимать насквозь всю эгоистическую природу нашего мира и видеть следующий мир сквозь нее, видеть, как одна сфера находится в другой.

Сквозь любой предмет нашего мира я вижу его корень в Высшем мире и поэтому таким образом строю наш мир. Вот в чем заключается строительство в стиле Бецалель.

В будущем нам придется сопоставить оба мира. В этом и заключается самая последняя стадия работы на исправление, когда весь наш мир будет преобразован по образу и подобию Высшего мира.

Все предметы, объемы, свойства людей, все, что их окружает, будут связаны между собой только так и в такой форме, в таком виде, в таком использовании. Все движения и отношения между ними будут точно такими же, как в следующей сфере Высшего мира.

Я тебе что-то даю, как-то и что-то говорю, произвожу определенные действия с неживой, растительной, животной и человеческой природой потому, что таким же образом во внешних духовных свойствах происходят именно такие действия, изменения.

Мы должны полностью привести себя в подобие Творцу. Внешний мир, его действие – это Творец. Мы в нашем мире должны сделать такую живую копию, чтобы все мои свойства, желания, движения четко соответствовали тому, что делается во внешнем мире. И так между всеми нами.

Это и называется «полное слияние нашего мира посредством исправленного человека (общий образ человека) с Творцом».

ОТ РОМАНТИКИ К ТЕРРОРУ

Это неминуемое состояние, к которому придет мир?

Это последнее состояние. После этого наш мир вливается в Высший мир и вся система миров пропадает. Складывается в мир Бесконечности.

Но человек может сказать: «Что? Люди становятся рабами, они становятся роботами, уподобляются…» Тут надо понимать, что это уподобление происходит постепенно, по мере работы над собой. Люди сознательно уподобляют себя своими волевыми усилиями, постижением того мира, слиянием с ним. Они понимают, что это высшее, совершенное условие существования природы.

В человеке возникает это понимание, и он сам уже хочет этого?

Да. Все строится над эгоизмом, вопреки своей природе, чтобы свобода воли здесь была и оставалась все время. Чтобы человек поднялся до уровня свободы как Творец.

Никакого подавления здесь вообще нет.

Но хочется пожить в совершенном обществе.

«Хочется мне в коммунизм пролезть. Пожить в нем хочется очень. Бесплатно вдоволь попить-поесть, бесплатно поездить в Сочи».

Не хватало коммунистам всего лишь одного маленького нюанса – не подавлять людей, а воспитывать.

Они говорили, коммунистическое воспитание существовало.

Кто и что в этом понимал? Никто не хотел ничего. Никто не мог ничего! Никто не был образован для этого!

Но как быстро начались лагеря! Это меня всегда поражало: моментально произошел скачок от романтической стадии. Красный террор. Не было даже попытки какого-то воспитания, диалога... Нет, сразу – раз! – и начался террор.

Конечно. Это все связано. Коммунисты считали, что могут силой заставить человека стать альтруистом.

На самом деле существует две возможности: или страданиями, или образованием. Попробуем страданиями, решили они, это проще. Отобрал у него все – в последнюю секунду перед смертью захочет стать альтруистом. Не захочет! Творца нет!

Если бы страдания исходили свыше, а не от Феликса Эдмундовича, тогда было бы нормально. В этих страданиях он связан с Творцом.

Хотя путь страданий тоже страшный! Не легче лагерей, как это описывается в Пророках о будущем человечества. Даже каббалисты писали: «Не хотел бы я жить в это время». Это ужасные страдания!

Если развиваться естественным природным путем? А какой другой путь?

Тут важно распространение знания. Оно смягчает все страдания с необычайным коэффициентом и переводит человека к осознанию, к пониманию. Поэтому все, что сегодня мы делаем, надеюсь, поможет, пусть не в этом поколении, так в следующем.

Глава «И призвал»

Люди не будут скатываться к террору, к вражде между собой, к таким состояниям, когда внешние силы становятся враждебными. Природа не знает никаких прощений, природа – это просто силы, которые действуют друг против друга. Мы уже видели, как это происходит в таких жестоких картинах, что трудно придумать.

Сегодня распространением знания мы уже смягчаем все. Кроме того, подготавливаем методику, инструменты для исправления.

Так что красный террор – это самая естественная работа. Что ты делаешь с ребенком, который не хочет слушаться? Ты ему объясняешь, гладишь по голове и вдруг начинаешь срываться, потому что тебе важна цель, ты понимаешь, что это для его пользы! У тебя есть оправдание. Ты при этом тоже страдаешь, но обязан это делать.

Вы все равно говорите об идеалистической романтической части. Но были всякие…

Ну, конечно же, были всякие. Но я говорю о другом: от любви до ненависти – здесь мгновенный шаг.

У них была мысль, что это ради светлого будущего?

Да. Мы обязаны построить светлое будущее! А ради чего?

Этот идеализм доходит до времен Горбачева, до конца восьмидесятых годов. Выкладываются миллионы, миллиарды, чтобы доказать, что наш строй самый лучший.

Тут необходима была наводка свыше. И какой-то идеализм внутри примешивался обязательно.

Да, точно. И в этом была сладость.

Именно эта сладость людям запоминается. Какая-то искорка света была. Хотя и в абсолютно черном царстве, но искра была. А сейчас ее нет.

Царство сегодня, может быть, и не темное, и не настолько угрожающее, по крайней мере, со стороны государства, но без искры ничего не сделаешь. Искра пришла с более высокого уровня. А немножко тьмы или света – на этом уровне особого значения не имеет. Поэтому те, кто это прожили, пережили, они совершенно другие.

Ты можешь взять восточных немцев, болгар или еще кого-то из восточно-европейских стран, – что-то иное в людях остается. Это уже свечение из другого мира – Высшего мира. Так что никак от этого не освободиться.

Поэтому Бааль Сулам пишет, что это проклятие в веках, с одной стороны. Все равно их будет тянуть к этому, с другой стороны. И так до тех пор, пока ты не придешь и не докажешь им, как должно быть в соответствии с методикой интегрального развития.

В мере развития методики интегрального развития («МИР»), в мере роста ее известности, необходимо снова зажигать эту бывшую точку и давать ей другое облачение. Вытаскивать ее, чтобы она светила в новой методике этого мира.

Интересно, что специально проведено именно так, чтобы тоска по этой искре существовала до сих пор.

Она никуда не денется. Не зря все-таки шестая часть суши, большая часть человечества пережила это в течение 70 лет.

Глава «И призвал»

ОСОЗНАНИЕ ТУПИКА

Вернемся к инструкции. Говорится дальше:
/14/ ЕСЛИ ЖЕ ИЗ ПТИЦ ВСЕСОЖЖЕНИЕ, ЖЕРТВА ЕГО БОГУ, ТО ПУСТЬ ПРИНОСИТ ЖЕРТВУ СВОЮ ИЗ ДИКИХ ГОЛУБЕЙ ИЛИ ИЗ МОЛОДЫХ ДОМАШНИХ ГОЛУБЕЙ.

Более того, указаны несколько видов кошерных птиц, животных и рыб, а все остальные – некошерные. Названы признаки кошерности. Вот что интересно. Человек, который, якобы, писал об этом, знал абсолютно всю фауну Земли.

Здесь он выделил диких голубей из молодых домашних голубей. Голуби, начиная с Ноаха, с Ковчега являются какой-то особой птицей?

В духовном мире – да, с одной стороны. С другой стороны, на нашем уровне – это очень выгодно. Голубей не надо кормить, они сами кормятся. Их выпускаешь, они возвращаются. Раньше голуби были очень распространены.

Я жил в Реховоте в районе старого города. Там жили переселенцы из Йемена, многие из них разводили голубей и питались ими. Очень кошерная пища, легкая. Хотя для нас это непривычно. Простая, выкормленная курица – наша еда.

Сегодня возврат к голубям, может быть, был бы самым естественным, потому что едим неизвестно что.

Да, страшное дело, чем нас кормят. Смотри, что происходит с поколением! Вопросы пола, депрессии, людям вообще не важно, что происходит.

Под влиянием того, чем питаешься, ты начинаешь генетически меняться внутри. Ты понижаешь свою планку с уровня «человек развивающийся» до уровня «животного стабильного».

Смотри, что происходит с поколениями, запаздывание в развитии. Человек сегодня к 30 годам такой же, каким раньше был к 20.

Человек при этом не виноват? Так само происходит, на него падает как бы?

Так развиваются сегодня люди.

Это всё – высшее управление: то, что вкладывается в головы людей, и как они действуют. Когда я говорю: «Смотри, что делается с поколением», – я не имею в виду элиты, которые руководят. И даже если я говорю: «Элиты так делают», – это не они. Все происходит свыше: нет никого кроме Него.

Идет мощный подвод к тупику?

Это необходимо для осознания зла эгоизма. Сейчас надо собрать отрицательные результаты, и потом вдруг человечество увидит, к чему оно пришло. Мы и наши дети, и наши внуки – все на свете кончается, нет никакого смысла в нашем существовании.

Это будет осознание! А не то, что происходит сейчас: «Давай сюда наркотик, проглотим таблетку, пойдем спать».

Наркотики будут узаконены?

Не дадут такого свыше. Не сможет человек себя умертвить!

Вдруг его состояние ему покажется очень болезненным, очень важной для него станет его жизнь. Он вдруг начнет хвататься за нее, и это будет для него важно – не так, как сегодня.

Человеку дадут такое состояние, такое ощущение потери, которое вынудит его действительно искать решение.

Задам прямой вопрос. Ваша задача – как можно быстрее привести человека к тупику?

Да. Осознание тупика – это самое главное. Но при условии, что рядом есть инструмент, с помощью которого ты можешь пройти этот тупик!

Ты не можешь человека к стенке прижать, не давая ему инструкцию?

Нет, прижать надо. Иначе у него не будет решения. Прижать надо, но на мгновение, не более того! И чтобы рядом находилось лекарство.

Иначе он это лекарство не возьмет, вот в чем дело. И сейчас рядом с ним есть это лекарство: каббала, методика – все есть. Но человек не хочет брать. Так что, тупик необходим.

Книга, инструкция падает с неба в тот момент, когда человек...

Осознает, что она необходима и что есть Небо.

Отлично мы заканчиваем эту главу. Жертвоприношения – и вдруг обнаруживается такая глубина!

В Вавилонском Талмуде жертвоприношения, знаешь, какое место занимают? Тысячи страниц. Две тысячи семьсот страниц, по-моему.

Только о быках там – половина.

Да-да. Только о животной части человека, души человека. То есть о третьем уровне развития нашего эгоизма, который в четвертом уровне надо поднимать на служение уровню «человек, что в нас».

Продолжим говорить о жертвоприношениях, как нам «переворачивать» себя.

ДЛЯ ЧЕГО МЫ РОДИЛИСЬ?

Мы изучили, как разделываются с быками, с козами внутри себя, мы прошли в жертвоприношении животных, птиц. Сейчас приближаемся к концу главы, где говорится о хлебном даре.

Я не думаю, что человеку надо в этом разбираться. Он должен понять принцип. Ведь это самое главное.

Главное – правильно реализовать себя в этом мире. Для чего мы родились? Заменить один мир на другой. Мы приносим в жертву весь этот мир, то есть весь наш эгоизм, все, что мы ощущаем сегодня, сейчас в нашем мире, все, к чему можем тянуться. Сделать так, чтобы для нас стало важным ощущение Высшего мира.

Этот мир не исчезает, никуда не уходит, но ты приносишь его в жертву. Это значит, что ты не устремляешься за его всевозможными наполнениями, не они являются целью твоего существования. Ты хочешь поменять видение мира, видеть вместо нашего мира Высший мир.

Выхожу на улицу, нахожусь у себя дома – на что я обращаю внимание? На то, что мне важнее всего. А на то, что мне не важно, я даже не смотрю, не чувствую, не ощущаю. Как говорится, кошка видит мышку, а все прекрасное вокруг – нет. Так и человек: каждый видит что-то свое.

Кошке наплевать, что она ловит мышей в замке. А человеку важно, где находиться: в доме или в замке.

Глава «И призвал»

Да. Каждый видит мир по-разному. У каждого есть свой набор объектов, которые могут наполнить, дать ему определенные ощущения.

Человеку надо достичь такого состояния, когда он выйдет на уровень, на котором не будет обращать внимания на этот мир, хотя в нем и останутся все органы ощущений: зрение, слух, осязание, обоняние, вкус.

Вместо этого мира я буду видеть лишь свойство отдачи, любви, связи между всеми объектами. Тогда я обнаружу Творца, потому что Он является силой, которая все связывает и увязывает.

В этом мире я не обращаю внимания на связку между всем, что меня окружает. Меня интересует, как урвать себе, то есть абсолютно противоположное действие. Моя эгоистическая тенденция противоположна свойству связи, отдачи, любви – всему тому, чем является Творец. Поэтому я и не могу раскрыть для себя эту силу.

Значит, я должен произвести определенные действия, которые настроят меня на поиск этой силы так, как хотят раскрыть ее ученые. Ведь я исследователь, и каббала – это не религия, а наука. Поэтому я стремлюсь познать, где та единая сила, которая все связывает, наполняет, движет. Каковы ее планы: начало творения, его конец, движение к цели, от начала к концу?

Меня это все интересует. Почему? Ну, во-первых, потому что я непосредственный участник этого плана, и мой шкурный вопрос тоже занимает меня.

Я хочу знать, в чем заключается тайна смерти, допустим, есть она или нет. С точки зрения каббалы, нет такого вопроса: «Что значит смерть?». Замена одного желания другим? Желания получать на желание отдавать? Вопрос, может быть, самый острый, по крайней мере, подсознательно очень волнующий людей.

Объяснить людям это, может быть, отчасти, чтобы они искали. Оставить какую-то тайну для того, чтобы она влекла их вперед. Или хорошо намекнуть, что здесь находится разгадка тайны смерти. Ты можешь преодолеть смерть и пройти в бессмертие.

Вы считаете, что это очень важно для человека, что это его держит?

Я считаю, что это даст человеку возможность понять величие своего существования. Эту жизнь я воспринимаю через свое животное тело, то есть через свои пять органов чувств. Нет тела – есть пять органов чувств, которые дают мне ощущение мира и меня в нем, как некоего существа. Этим миром можно довольно просто пренебречь. Ничего страшного, если не будет меня в нем и если не будет его, этого мира.

Но если мы будем говорить о возможности выйти в вечное существование и о том, что смерти вообще нет, есть просто переход, смена десяти сфирот? Сейчас я нахожусь в восприятии мироздания, в ощущении существования, которое называется мои первые минимальные десять сфирот. В них я ощущаю этот мир: «я» и все, что вокруг меня.

В чем заключается смысл того, что человек умирает? В том, что эти десять сфирот опустошаются, ничего не остается вместо пяти органов чувств или пяти сфирот: кетэр, хохма, бина, зэир анпин, малхут.

Остается только информационная запись, так называемое решимо. Потом оно появляется снова.

В другом теле.

Глава «И призвал»

Решимо начинает снова реализовываться. Добавляется к нему следующая точка, следующий авиют – следующий уровень желания. И, так называемый человек, который растет с этим желанием, его реализовывает.

Берется эта запись (решимо) и перемещается в другое биологическое тело?

Да. Развивается под воздействием света на одном и том же уровне, в той же плоскости. И ничего больше. Так может продолжаться до тех пор, пока человек сам не захочет перейти с этого уровня на следующий. Выйти или под воздействием ударов, потому что все время свет будет его растить (мы видим, что происходит с поколениями); или под воздействием собственного влечения к выходу на следующий уровень.

Выход на следующий уровень означает, что человек вместо маленькой толики этого света, называемой нашей жизнью, начинает получать особый свет, который его поднимает. С внутреннего восприятия в минимальных десяти сфирот или пяти (кетэр, хохма, бина, зэир анпин, малхут) свет формирует его на внешнее восприятие.

И, естественно, тогда пропадает проблема собственного существования. Ты меняешь свойство восприятия, средство восприятия с себя на вне. «Вне» – это постоянно существующий объем, ты распространяешься по всему этому объему, и твое существование становится вечным, бесконечным и не ущербным.

В новом состоянии нет ущербности, нет такого, что тебе чего-то не хватает, как это происходит в восприятии пяти органов чувств. Наоборот, идет наполнение от отдачи. Через тебя на всех будет проходить высший свет.

Проблема существования в нашем мире заключается в том, чтобы через этот мир всасывать в себя, вбирать в себя энергию, информацию существования.

Проблема существования нас на следующем уровне, в Высшем мире, в том, чтобы пропустить через себя энергию, живительную силу на весь мир и все время ощущать, что мир в этом нуждается, нуждается в тебе.

Нет здесь никаких проблем с жизнью и смертью. Вообще все это напоминает сказки фараонов, когда люди пытаются сохранить этот мир, беря с собой в могилу все, что можно.

Слуг, лошадей...

Да. Если раскрыть человеку вечный мир немножко больше, то он потянется к нему. Только надо найти для этого более легкие слова. Люди поймут, что иной возможности нет, никуда не денешься с этого пути, не уйдешь от этой цели. И перед тобой, наоборот, находится чудесная возможность.

Вы считаете, что даже уволенный, обездоленный, нищий человек купится на это? Сначала он хочет немножко хлеба и денег.

Он проклинает этот мир? Да. Так пусть оставит его. Какого хлеба? Я тебе предлагаю не немножко и не сейчас, а навсегда и все!

Все равно больному, депрессивному дают сначала таблетку. Когда он немножко выходит из этого состояния, Вы уже можете ему говорить: у него открываются уши, он начинает использовать свои пять органов чувств. Согласитесь?

ГЛАВА «И ПРИЗВАЛ»

Если он в сильной депрессии, то, возможно, он ничего не сможет чувствовать. Это мы знаем. Поддержать надо – несомненно!

Депрессия бывает нескольких видов: есть депрессия личная и депрессия общая, коллективная.

Если депрессия личная, частная, то она пассивная. Если она коллективная, то она переходит в активные действия, люди все вместе лезут на баррикады. Они не будут лежать и тихонько ждать, когда придет старушка-смерть.

Они выходят на демонстрации и крушат, и ломают, только чтобы быть вместе. Тут возможен и фашизм?

Да. Потому что у них есть силы для этого – поддержка друг друга. Это страшное дело. Поэтому тут и важно вовремя перенаправить усилия.

ДВА ЭТАПА РАСКРЫТИЯ

На стадии переключения с пяти органов чувств этого мира на пять органов ощущения духовного мира, где находится жертвоприношение?

Пока его нет. Когда начинается жертвоприношение? Не вначале. Вначале у человека ничего нет.

Жертвоприношения начинаются, когда Творец дает указания: «А сейчас вы должны начинать приносить мне жертвоприношения, строить Шатер Завета и все вокруг него».

Человеку можно говорить, когда он уже находится в каком-то постижении. Тогда ты ему говоришь: «Вот твое желание – оно эгоистическое такой-то степени. Отсюда надо отрезать то-то и то-то».

Он уже слышит?

Да. Показывается, каким образом ты можешь применить и обратить на свойство отдачи каждое из своих желаний, в какой мере, в каком соответствии с остальными желаниями и в какой связке.

Уже есть народ, есть выход из Египта и Моше ведущий...

Ты уже находишься в следующем состоянии. И только тогда приходит закон о жертвоприношении.

Человек, когда переходит из одного мира в другой, он не то, что перестает этот мир ощущать. Имеется в виду чувственный, явственный переход. Сначала у него возникает некоторая отрешенность от этого мира. У людей, которые приходят заниматься каббалой, это уже есть отчасти.

Потом возникает четкое устремление к следующему состоянию, к раскрытию Творца. Только он еще не понимает, что это Творец, что это свойство отдачи и любви. В чем я должен раскрыть Его? Что я должен заплатить, пожертвовать? Поэтому и называется – жертвоприношение. Чем я должен пожертвовать, чтобы раскрыть Творца?

Теперь человек должен быть в группе, правильно развиваться, чтобы, глядя на остальных, поддерживать в себе эти силы: зависть, ревность, устремление вперед.

Ощущать себя народом, идущим уже туда?

Да, человек должен ощущать, что он не один. Он сделал на себя сокращение, полностью устремился вперед. На каждой ступени он устремляется вперед. И каждый раз у него есть проблемы, которые тянут его, якобы, назад: он расхолаживается, отговаривается от всего этого. И после этого снова делает рывок.

Глава «И призвал»

Человек проходит серьезные испытания: мы говорили о египетских казнях. Человек выходит из Египта, проходит Конечное море и так далее.

Но самое главное, что только после этого он получает инструкцию, что делать. И указание тоже получает не сразу. А о том, как приносить жертвоприношение, — еще позже!

Вначале мы достигаем отрыва от этого мира, то есть в нем остается существовать только наше бренное тело. Своими желаниями, намерениями, чаяниями мы переходим в постижение Высшего мира — в постижение свойства отдачи, связи между всеми.

Мы серьезные исследователи и желаем раскрыть, как связан мир: все неживое, растительное, животное, человеческое. Как все связано между собой; где находятся силы, которые существуют между всем этим.

Раскрываем постепенно, в два этапа. Первый этап, мы ничего не желаем для себя. Пытаемся быть абсолютно оторванными от свойства получать и таким образом обретаем свойство хасадим — свойство милосердия.

Второй — мы полностью поднялись на ступень милосердия, так называемая ступень бины, когда ничего не надо для себя. Я сделал такое исправление, что все мои желания находятся в абсолютном отключении от наполнений.

После этого те же желания я начинаю преобразовывать в свойства отдачи и любви. Вот тут и приходят жертвоприношения.

Как мне освятить каждое из своих желаний, все, что есть во мне: неживое, растительное, животное и человеческое?

СОПРОТИВЛЕНИЕ ЭГОИЗМА

На самом деле Вы сейчас рассказываете об интегральном воспитании. Я должен пройти процесс интегрального воспитания, чтоб дойти до работы со своим эгоизмом. Да, чтобы даже эгоизм работал на отдачу.

Если я не прохожу это? Если вначале я пытаюсь работать со своим эгоизмом, что происходит?

Ты не в состоянии! А как ты можешь это сделать?

Ну, я пытаюсь. Все эти практики, которые зажимают эго.

Нет, это не делается никаким зажатием. От человека требуется только устремление вперед. Тогда он раскрывает, что сам не в состоянии ничего сделать, он не волен над собой. Остается одно – привлечение высшего света, только лишь связь с Творцом.

Ведь это дано не для того, чтобы ты был героем, превозмог себя, покорил все творение и все мироздание. И владел бы всем этим. Это же глупое восприятие!

Наоборот! Все требуется только для того, чтобы ты вознуждался в помощи Творца, чтобы ты прилип к Нему. Конечная цель творения – это слияние, слипание, такое соединение человека с Творцом, когда он полностью одевается на Творца, его полностью наполняет Творец.

Это не является личной, собственной победой. Твоя победа заключается в том, что ты не отвлекаешься, а постоянно просишь, требуешь Его участия, Его решения. Поэтому вся наша работа называется «работа Творца» (аводат а-Шем).

Людям необходимо объяснить, что нельзя перепрыгнуть этапы, что надо последовательно работать.

На самом деле это и есть воспитание. Просто, когда говорят о воспитании, человек все время думает о детях, о школе. Вы сейчас говорите совершенно о другом: о воспитании человека, не важно, какого он возраста.

Воспитание человека – это самая главная задача. Оно сводится к тому, чтобы человек научился перевоспитывать себя с помощью высшего света. Чтобы он пришел к этому состоянию.

И тогда по дороге он сможет постепенно принести в жертву весь свой эгоизм. Это и будет жертвоприношение.

Человеку важно дойти до понимания, что он не может перевоспитать другого, что он должен заниматься исключительно собой. Именно в этом заключается интегральное воспитание?

Да. И научить другого, как ему тоже подключаться к этому исправляющему свету. Но научить именно этому. Подключаться к высшему свету и исправлять себя.

Один другого исправлять не может. Только лишь через пример. Вся сила группы в том, что она показывает тебе пример.

На основе Торы мы поговорили о процессе интегрального воспитания. Вдруг открылось новое его восприятие после всех этих входов в Египет, после Авраама, Ицхака, Яакова, – вообще после всего.

Теперь понятно, что значит жертвоприношение.
Отчасти жертвоприношения были и там, но совсем другого вида. Аврааму было сказано: «Принеси в жертву Ицхака».

Здесь прямо даны указания: «Чтобы прийти ко Мне, построй Шатер Завета, поставь коэнов, начни делать…» Движения народа здесь есть. Там не было движения народа.

Мы можем понять, насколько ненавистным было в Египте жертвоприношение, которое приносили иудеи, когда резали своих животных.

Это и есть проявление эгоизма, который видит, что здесь его уничтожают, приносят в жертву ради овладения свойством, противоположным ему, самым ненавистным – свойством на отдачу и любовь.

Сейчас в некоторых странах запретили кошерное убийство животных. Здесь есть какой-то оттенок проявления эгоизма?

С этим мы сталкивались уже не один раз. Даже на земном уровне обычный нормальный эгоизм не понимает, что жертвоприношение в таком виде – самое гуманное, щадящее и что, на самом деле, это исправление.

Кошерный забой животных – самый гуманный. Животное не чувствует, что умирает. Оно засыпает. Происходит постепенное обессиливание, и все.

В Египте возмущались, когда евреи приносили жертвоприношения. То есть эгоизм не может терпеть никакого жертвоприношения?

Эгоизм будет сопротивляться во всем. Во всем!

ХЛЕБНЫЙ ДАР

Глава «И призвал» говорит о том, как делается жертвоприношение. Это отрезание от себя эгоистических свойств и перевод их в альтруистические. С таким пониманием мы прошли жертвоприношение животных. И вот что говорится далее:

/1/ А ЕСЛИ ЧЕЛОВЕК ПРИНОСИТ ХЛЕБНЫЙ ДАР БОГУ, ТО ИЗ ТОНКОЙ ПШЕНИЧНОЙ МУКИ ДОЛЖНА БЫТЬ ЖЕРТВА ЕГО. И ПУСТЬ ПОЛЬЕТ ЕЕ ОЛИВКОВЫМ МАСЛОМ, И ПОЛОЖИТ НА НЕЕ АРОМАТНУЮ СМОЛУ.

Хлеб и хлебный дар олицетворяет пищу человека. Мы уже говорили об этом. Но я вкратце поясню еще раз. Об этом говорится в Книге Зоар в очень важной части, она называется «Сафра дэ-цниюта» – «Книга скромных».

Тайная, скрытая книга, скрытая часть. Книгой называется раскрытие. Скрытая книга – значит, раскрываемое скрытие.

О чем тут говорится? Человек вырастает из животного. Из теории эволюции мы знаем, что он происходит от обезьяны. Так говорит не только Дарвин. Было описано еще у АРИ и в Книге Зоар, что все приходит из неживой, растительной, животной природы к человеку.

Отличие человека от животного, в первую очередь, в пище. Так и ученые говорят. Что имеется в виду? Вот хороший пример: если просто собрать зерна пшеницы, то это будет пищей животных. Зерно и вода – ослу ничего больше не надо.

Наш эгоизм обычно отождествляется с ослом: тащит поклажу и тянет вперед. Если мы хотим подняться от уровня животного, то в таком виде зерна в качестве пищи для нас не годятся. Мы должны очистить зерна от шелухи на гумне, затем развеять эту шелуху – обычно она уносится ветром. Это все олицетворение того, что происходит с нашими желаниями в духовном мире.

Затем оставшееся чистое зерно мы должны перемолоть жерновами. Получившуюся муку перемешать с водой, добавить определенные добавки, соль. После этого испечь. И человек получает свою основную пищу – хлеб. Весь этот процесс животные не могут осуществить, только человек.

Это перевод эгоистического желания, когда ты, как осел, потребляешь просто зерно, к альтруистическому. Ты перерабатываешь весь свой эгоизм, ты его перетираешь, делаешь из него муку, разбавляешь водой.

Вода – это свойство отдачи, милосердия. Зерна – свойство получения, эгоистические свойства. Ты перемалываешь и перетираешь зерна, добавляешь воду, перемешиваешь, делаешь из этого хлеб.

Таким образом свои эгоистические желания, которые были на уровне животного, с помощью свойств бины (воды) ты превращаешь в альтруистические желания, то есть в пищу для человека. И ты становишься человеком.

Тот, кто ест хлеб, – уже человек. Этот уровень своего желания человек должен принести в жертву. Это даже не жертвоприношение. Приношение в жертву – это приношение своих эгоистических желаний. Причем они не приносятся в жертву – это не правильно сказано.

Курбан (жертва) происходит от слова каров (приближение). То есть таким образом ты приближаешься к свойству Творца, к свойству абсолютной отдачи и любви. В этом и заключается весь процесс.

Что такое система жерновов, развеяния шелухи? Это все внутри человека?

Это очень сложная система обработки и исправления наших желаний. Причем, все происходит внутри человека. Жернова, очищение от шелухи, которая называется клипа.

Глава «И призвал»

От этой внешней эгоистической оболочки надо полностью отделиться, развеять ее по ветру. У нее нет никакого смысла, кроме того, что она должна просто слететь с тебя.

Но она тебя сохранила ведь до какого-то времени?

Да, до определенного времени. Сегодня все человечество постепенно приводят к состоянию, когда мы начинаем ощущать наш эгоизм как зло. Он нам мешает во всех областях жизни, и мы должны от него избавляться, то есть переделывать его, начинать по-другому относиться к себе и к миру.

Первое свойство – мы выбираем зерна, понимаем, что это наши эгоистические свойства. Затем мы сдираем с них шелуху, бьем по ним, вытаскиваем зерна из колосьев. Это все внутренние процессы, которые проходит человек.

Шелуха уносится ветром, на гумне остается чистое зерно. И тогда уже начинаем его переработку, то есть перетирание. Перетирание – значит осознание желания, которое осталось без своей эгоистической оболочки. Кроме того, в человеке это олицетворяет наши зубы. Мы пережевываем, перетираем пищу, и тогда она становится годной к тому, чтобы мы ее употребляли.

Но главное для нас – это жернова. Мы перетираем желание, мы начинаем понимать, как и из чего оно состоит. Затем по мере понимания добавляем в него воду, то есть к свойству желание получать, которое избавилось от намерения ради себя, добавляем намерение ради других, ради любви к ближним и через это – к Творцу. И, в конце, выпекаем.

Это и есть изготовление хлеба, который становится пищей: твои желания становятся тем, от чего растет человек.

Что такое огонь – последняя стадия?

После того, как ты создал правильное сочетание между желанием получать и намерением отдавать, ты вносишь его в свойство суда. Ты проносишь это через огонь, через свойство жесткого правильного исправления, правильного применения. Очень многие исправления в Торе описаны так.

Провести через огонь – это очищение.

И все жертвоприношения тоже приносятся на огне…

Огонь – это ощущение суда и очищение от оставшегося эгоизма. Если есть какой-то эгоизм, то он должен свариться, подгореть, сжечься. И только оставшаяся часть будет готова в пищу человека.

Может быть, недаром на всех картинах суда и ада изображен огонь?

Да, очищение в огне. Это один из основных методов исправления.

Принцип такой: очищение нашего эгоистического желания от намерения ради себя, чтобы осталось желание в чистом виде. К нему добавляется намерение ради других: любовь, взаимность, соединение с другими.

Если это находится в правильном виде, то проносится через огонь, через какие-то жесткие испытания. Формируется желание с намерением ради отдачи. Хлеб выпекается.

ГЛАВА «И ПРИЗВАЛ»

ПРОЦЕСС БРОЖЕНИЯ
И ВОСКУРИТ КОЭН ЭТУ ПОМИНАЛЬНУЮ ЧАСТЬ ЕЕ НА ЖЕРТВЕННИКЕ КАК ОГНЕПАЛИМУЮ ЖЕРТВУ ВО БЛАГОУХАНИЕ, ПРИЯТНОЕ БОГУ.

Во благоухание...

Часть из этого надо сжечь. Есть там, так называемое отделение части. Она соответствует той части нашего желания, которая не может быть исправлена нами, она уходит в воздух, остается. Это, допустим, как седьмой год освобождения от работы в поле.

Есть такие ограничения на наш эгоизм, которые указывают, что полностью мы не можем его исправить, а только какую-то определенную часть. Неисправленное остается до полного исправления.

Дело в том, что я могу включить мое исправление только в тот круг, в котором нахожусь. А где все прошлые поколения, где все будущие поколения? Где вообще весь мир? Я не включаю его с собой, я не могу это сделать ни физически, ни духовно.

Значит, это остается неисправленным. По мере того, как человечество приближается к исправлению, мои части в этом участвуют. Но пока они отделяются таким образом.

Я расширяюсь в результате?

Да.

А пока я могу впустить только этот маленький круг: я, мое окружение?

Да. То состояние, в котором действует человек сегодня. Только это ему и положено сейчас делать.

Далее говорится о хлебном даре: из печного, со сковороды, из горшка – достаточно много о хлебном даре.

/11/ ЛЮБОЙ ХЛЕБНЫЙ ДАР, КОТОРЫЙ ПРИНЕСЕТЕ ВЫ БОГУ, НЕ ДОЛЖЕН БЫТЬ СДЕЛАН ИЗ КВАСНОГО, ИБО НИКАКУЮ ЗАКВАСКУ И НИКАКОЙ МЕД НЕ ДОЛЖНЫ ВЫ ВОСКУРИВАТЬ В ОГНЕПАЛИМУЮ ЖЕРТВУ БОГУ.

Сейчас, что интересно, все доказывают, что надо есть хлеб без дрожжей, что дрожжи вредны.

Без квасного – то есть не давай набухать своему желанию. Не давай ему подниматься. Он должен оставаться в своем первоначальном виде.

Время, в течение которого мука соединяется с водой, но еще не начинается процесс брожения, – это олицетворение 18-ти минут.

Почему в природе существуют 18 минут? Откуда они берутся? Это 9 сфирот прямого света и 9 сфирот отраженного света, – таким образом можно их строить. Десятую мы не можем брать в расчет. Десятую мы не можем исправить, поэтому откладываем ее.

И еще один секрет, о котором пишется:

НЕ ПРИНОСИ ХЛЕБНОГО ДАРА БЕЗ СОЛИ СОЮЗА ВСЕСИЛЬНОГО БОГА ТВОЕГО; С ЛЮБОЙ ЖЕРТВОЙ ПРИНОСИ СОЛЬ.

Соли тоже придается очень большое значение?

Да. Мы видим из нашего мира, насколько важна соль – без нее не проживешь. Почему? С точки зрения биологии, соль – это ионы, которые необходимы для жизнедеятельности человека.

Чем, кроме соли, можно было сохранять продукты в древнем мире? Только солонина – для длительного хранения продукты заготавливали с солью. Сегодня делают варенья, консервируют с добавлением сахара. Но это не естественно, это не природный способ. Природный способ консервирования – только соль.

С точки зрения нашей работы, соль является единственным в мире естественным консервантом, который закрепляет все.

Соль сохраняет, поэтому называется брит мелах, то есть союз соли. И поэтому она всегда была очень дорогим продуктом, ею торговали на вес золота.

Соль не только предохраняет от порчи, она и сама не портится. Соляной столп – человек сам не может превращаться в соль. Но консервировать для себя всевозможные продукты – да, может.

Или если я с кем-то заключаю брит (союз), как с Творцом, и подношу мое приношение – хлеб, то есть свою исправленную часть, то я должен принести ее с солью. Это говорит о том, что я точно исправил это.

Внутренне в духовном виде это значит, что я сделал окончательное исправление на то, что сейчас со мной происходит. Я исправил на альтруизм весь свой эгоизм, который был во мне в настоящее время. При этом я делаю расчет на то, что исправление окончательное. Это олицетворяет собой соль.

Именно в Израиле находится Мертвое море – одно из семи чудес света. Такое скопление соли о чем-то говорит?

Мертвое море – самая низкая точка на земной поверхности. Соль является самым низким, самым нужным, неразлагаемым пищевым материалом. Что мы потребляем в естественном виде от природы в качестве пищи? Воду и соль.

Фрукты, овощи?

Нет, это растет! Соль – из неживой природы. Из той, из исконной, мы же говорим о самом низком виде. Вода и соль – вот и Мертвое море. Ничего больше нет.

В нашей каббалистической географии Мертвое море – самое низкое место, олицетворяет малхут, то есть неживое. Царство неживого, практически там нет жизни, хотя и нашли какие-то бактерии.

Сегодня мы уже находимся в таком состоянии, когда бактерии существуют в любых видах, на Марсе их скоро обнаружат.

Но нормальной жизни в соли быть не может, потому что она является чистым консервантом, закрепителем всех свойств. Она не дает ничему развиваться. Это чистое свойство малхут. Вода, хотя она и находится там, но только для того, чтобы эта соль могла расти, чтобы, наоборот, ее становилось все больше и больше.

Бина, которая находится в малхут, еще больше увеличивает малхут. Как человек использует свои маленькие альтруистические побуждения ради эгоизма, таким образом в Мертвом море находится вода.

То есть я хочу Творца для себя? Это и есть добавление воды к соли?

Да, использование Творца для себя.

ГЛАВА «И ПРИЗВАЛ»

ГРЕХ В ЧЕЛОВЕКЕ ЗАЛОЖЕН ИЗНАЧАЛЬНО

Далее говорится о прегрешениях:

/1/ И ГОВОРИЛ БОГ, ОБРАЩАЯСЬ К МОШЕ, ТАК: /2/ СКАЖИ СЫНАМ ИЗРАИЛЯ ТАК: ЕСЛИ КТО-НИБУДЬ СОГРЕШИТ ПО ОШИБКЕ, НАРУШИВ КАКУЮ-ЛИБО ИЗ ЗАПРЕЩАЮЩИХ ЗАПОВЕДЕЙ БОГА, И СДЕЛАЕТ ЧТО-ЛИБО НАПЕРЕКОР ОДНОЙ ИЗ НИХ, /3/ ТО ЕСЛИ ПЕРВОСВЯЩЕННИК СОГРЕШИТ ВО ЗЛО НАРОДУ, ПУСТЬ ПРИНЕСЕТ БОГУ ЗА ГРЕХ СВОЙ, КОТОРЫЙ СОВЕРШИЛ, МОЛОДОГО БЫКА БЕЗ ПОРОКА В ГРЕХООЧИСТИТЕЛЬНУЮ ЖЕРТВУ.

И начинается градация. Если первосвященник согрешит, – это раз. Далее:

/13/ ЕСЛИ ЖЕ ВСЕ ОБЩЕСТВО ИЗРАИЛЯ ОШИБЕТСЯ, А СОБРАНИЕ НЕ БУДЕТ ЗНАТЬ ОБ ЭТОМ, И БУДЕТ ДЕЛАТЬ ЧТО-ЛИБО НАПЕРЕКОР ОДНОЙ ИЗ ЗАПРЕЩАЮЩИХ ЗАПОВЕДЕЙ БОГА,

то нужно привести быка и принести жертву.

/22/ ЕСЛИ ВОЖДЬ СОГРЕШИТ, И СДЕЛАЕТ ЧТО-ЛИБО НАПЕРЕКОР ОДНОЙ ИЗ ЗАПРЕЩАЮЩИХ ЗАПОВЕДЕЙ БОГА,

привести молодого козла.

/27/ ЕСЛИ КТО-НИБУДЬ ИЗ НАРОДА СОГРЕШИТ ПО ОШИБКЕ,

то привести козу без порока.

/1/ А ЕСЛИ КТО-НИБУДЬ СОГРЕШИТ В ТОМ, ЧТО, БУДУЧИ СВИДЕТЕЛЕМ, ВИДЕЛ ИЛИ ЗНАЛ, НО, СЛЫША ГОЛОС ЗАКЛИНАЮЩЕГО ЕГО, НЕ СООБЩИЛ, ТО БУДЕТ ВИНОВЕН.

Вся цепочка от первосвященника до последнего человека – что это такое?

Все это градации желаний, которые находятся внутри человека. И в зависимости от этого проявляется его эгоизм.

Никакого греха вообще нет. Никакой человек ни в чем не совершает грехов. А все исходит из нашего первородного греха. «Я создал зло, – как сказано, – и дал Тору для его исправления». То есть дал свет, который заключен в Торе.

Если мы учим Тору правильно, в круге между собой, при особых условиях, то вызываем на нас воздействие особой силы – свойства отдачи. Эта сила действует и помогает нам измениться: из получателя стать отдающим, от индивидуалиста перейти к альтруисту.

Все прегрешения раскрываются в нас постепенно, по мере того, как человек помещает себя в правильное общество и работает над собой в кругу товарищей. Так выяснилось во время получения Торы на горе Синай.

Четко сказано, что если вы устремляетесь к связи, к взаимности, к взаимному поручительству, тогда на вас будет действовать свет Торы. Тора – от слова ор (свет).

Недаром Вы все время говорите о круге – это стояние вокруг своего огромного эгоизма? И работа с ним?

Да. И работа с эгоизмом. Когда вы находитесь вокруг своего эгоизма и желаете подняться над ним, тогда ваша точка, называемая Моше, поднимается на гору и имеет контакт с Творцом. Моше – это точка объединения, соединения, ваш духовный предводитель.

Наши желания – эгоистические, все они называются Египет. Сначала мы выходим из них, затем вместе соединяемся на горе Синай и получаем инструкцию – средство их исправления.

По мере того, как все больше и больше желаем соединиться между собой, мы раскрываем пустыню Синай – взаимную ненависть. Синай – от слова сина (ненависть).

Одновременно с этим все равно мы устремляемся к объединению. И в мере нашего устремления к объединению, начинаем раскрывать еще большее отторжение.

Наш Египет, весь наш эгоизм, начинает снова проявляться в нас. Это и называется прегрешениями, которые мы совершаем. Так они в нас раскрываются. Но все они заготовлены заранее. Нет прегрешений – в человеке проявляется все, изначально заложенное.

Тут даны все законы, по которым надо очищаться, исправляться от наших, так называемых, внутренних грехов, которые мы не сделали, но которые были заранее приготовлены. Как сказано: «Я создал зло и дал Тору в его исправление».

Зло раскрывается в нас постепенно, и через устремление к объединению и через приближение к высшему свету в нашем объединении мы постепенно исправляем зло на добро.

Что такое «первосвященник, который согрешил во мне»?

В нас существует пять эгоистических стадий, проявляющихся на самой высшей ступени как первосвященник, представитель народа.

Каждая из этих пяти стадий нуждается в определенном исправлении. Указано, какие исправления надо приводить. Указано в аллегорическом виде. Человек, который уже находится в постижении, в движении к этому, понимает, о чем идет речь.

«Согрешивший первосвященник» – это уже ощущение Творца, существующее в человеке?

Это предводитель. Дело в том, что человек раскрывается каждый раз по-новому, то есть на каждой ступени все пять свойств раскрываются в своем все более и более эгоистическом виде. И каждый раз ты должен их исправлять все энергичнее и энергичнее.

Так вместе они и идут от ступени к ступени? Все 125 первосвященников, 125 народов, 125 вождей?

От верхней ступени и до нижней. Да, на каждой ступени по пять – полный набор. Это и называется человек, состоящий из всех этих пяти частей.

В конце главы говорится:

ЕСЛИ КТО-НИБУДЬ ПРИКОСНУЛСЯ К ЧЕМУ-ТО НЕЧИСТОМУ: К ТРУПУ ЗВЕРЯ НЕЧИСТОГО, ИЛИ К ТРУПУ СКОТА НЕЧИСТОГО, ИЛИ К ТРУПУ ГАДА НЕЧИСТОГО, И ЗАБЫЛ О ТОМ, ЧТО СТАЛ НЕЧИСТЫМ, И ПРОВИНИЛСЯ; /3/ ИЛИ ЕСЛИ ПРИКОСНУЛСЯ ОН К ЧЕЛОВЕКУ НЕЧИСТОМУ – КАКОЙ БЫ НИ БЫЛА НЕЧИСТОТА, ИСХОДЯЩАЯ ОТ ЧЕЛОВЕКА, – И ЗАБЫЛ ОБ ЭТОМ, А ПОТОМ ВСПОМНИЛ, ТО ОН ВИНОВЕН;

Прикосновение означает приближение и контакт. В духовном виде сближение между двумя состояниями происходит в мере совпадения свойств.

Соприкосновение – когда в одном и в другом есть хотя бы одна часть, по которой они схожи между собой. Тогда у них есть контакт между собой, то есть имеется одно общее свойство.

Это уже большая проблема. Есть абсолютный эгоизм. Есть абсолютный альтруизм. Альтруизм каким-то образом портится и приближается к эгоизму. Но между ними должно быть определенное расстояние.

Когда альтруизм может нормально себя удержать и действовать на отдачу и любовь, а эгоизм ему не мешает, его человек помещает под сокращение (цимцум).

Если альтруизм ослабляется, то начинается приближение в духовном пространстве. И возникает точка контакта, то есть в альтруизме возникло свойство, подобное эгоистическому, и они соединяются вместе в одно.

Через это одно общее свойство может произойти перетекание эгоистических намерений. И человек не будет чувствовать, что с ним происходит.

Поэтому тут указано – «забыл, что происходит». Значит, в соответствии с этим должно быть такое исправление, чтобы снова разделить их между собой.

Снова должен быть отрыв?

Да, должен быть отрыв и отделение этой трефы и всевозможных эгоистических свойств. Их должны или сжечь, или закопать, или выбросить за границы стана. Это значит, за границы нашего объединения между собой.

Здесь существуют четкие указания, каким образом внутри себя я должен оторваться от эгоизма и уберечь себя от него.

В таком виде о прикосновении я даже не думал.

Тут имеется в виду прикосновение только в духовных свойствах. Что значит, один прикасается к другому? Физически понятно – есть точка контакта.

А контакт в моральном виде? Это значит, есть между нами что-то общее, в чем мы соприкасаемся. И это уже проблема. Через это общее может воздействовать один на другого.

Значит, мы должны сделать так, чтобы ничего общего не было.

Выходит, человек вообще не может устоять перед этим контактом? Все взятки, все такие состояния... Человек клялся, что будет чист всегда, и вдруг начинаются прикосновения...

Быть абсолютно чистым не может никто. Я никого не защищаю, но как сказано: «Не верь в себя до своей смерти». Имеется в виду смерть эгоизма. То есть нельзя уберечься.

Но надо делать все, что соответствует правилам, и тогда, по крайней мере, ты будешь стеречь себя. И самое главное, что стеречь тебя может группа, общество, в котором ты находишься.

Как стережется сама группа?

Сама группа может уберечься, только если она находится в соединении. Тогда она стережется высшей силой – той общей силой, которую они проявляют друг относительно друга, когда каждый работает на других.

Приложение

ОБ ИЗДАНИИ «ТАЙНЫ ВЕЧНОЙ КНИГИ»

«Тайны Вечной Книги. Каббалистический комментарий к Торе» – многотомное издание, передающее содержание одноименного цикла передач с каббалистом Михаэлем Лайтманом. Автор и ведущий – Семен Винокур.

Уникальное издание впервые приоткрывает завесу тайны о истинном смысле Торы. Знания, которые тысячелетиями передавались из уст в уста, хранились от посторонних глаз и ушей, сейчас раскрываются нам, потому что пришло время.

В каждом томе последовательно дается каббалистический комментарий к недельным главам Торы.

СОДЕРЖАНИЕ ТОМОВ

Том 1, главы Торы: «В начале», «Ноах», «Иди себе».

Том 2, главы Торы: «И открылся», «И было жизни Сары», «Вот родословная Ицхака...», «И вышел Яаков».

Том 3, главы Торы: «И послал», «И поселился», «В конце», «И подошел», «И будет», «Имена», «И явился», «Идем».

Том 4, главы Торы: «Когда послал», «Итро», «Законы», «Пожертвование».

Том 5, главы Торы: «Укажи», «Когда будешь вести счет», «И собрал», «Исчисления», «И призвал»

Том 6, главы Торы: «Прикажи», «Восьмой», «Зачнет», «Прокаженный»

Том 7, главы Торы: «После смерти», «Будьте святы», «Скажи».

Том 8, главы Торы: «У горы», «По Моим законам», «В пустыне», «Исчисли».

ПРИЛОЖЕНИЕ

МИХАЭЛЬ ЛАЙТМАН

Михаэль Лайтман (философия PhD, биокибернетика MSc) – всемирно известный ученый-исследователь в области классической каббалы, основатель и глава Международной академии каббалы (МАК) – независимой, некоммерческой ассоциации, занимающейся научной и просветительской деятельностью в области науки каббала.

М. Лайтман – автор более 70 книг по науке каббала, переведенных на 40 языков, являющихся углубленными комментариями к оригинальным каббалистическим источникам.

СЕМЕН ВИНОКУР

Автор и ведущий серии передач с Михаэлем Лайтманом «Тайны Вечной Книги», писатель, сценарист, кинорежиссер и продюсер более восьмидесяти документальных и художественных фильмов, лауреат премий и наград 12 международных фестивалей за лучшие документальные фильмы, обладатель приза Израильской академии кино за лучший сценарий игрового фильма.

МЕЖДУНАРОДНАЯ АКАДЕМИЯ КАББАЛЫ
http://www.kabacademy.com/

Учебно-образовательный интернет-ресурс – неограниченный источник получения достоверной информации о науке каббала.

Миллионы учеников во всем мире изучают науку каббала. Выберите удобный для вас способ обучения на сайте.

УГЛУБЛЕННОЕ ИЗУЧЕНИЕ КАББАЛЫ – ЕЖЕДНЕВНЫЙ УРОК
http://www.zoar.tv/

Каждое утро на сайте ведется прямая трансляция уроков каббалиста Михаэля Лайтмана для всех, кто занимается углубленным, ежедневным изучением науки каббала и исследованием каббалистических первоисточников.

Видеопортал Зоар.ТВ располагает уникальным контентом в виде бесплатных видео материалов, видеоклипов, ТВ онлайн, добрых фильмов онлайн, музыки.

ПРИЛОЖЕНИЕ

ИНТЕРНЕТ-МАГАЗИН КАББАЛИСТИЧЕСКОЙ КНИГИ

Все учебные материалы Международной академией каббалы основаны на оригинальных текстах каббалистов.

РОССИЯ, СТРАНЫ СНГ И БАЛТИИ
http://kbooks.ru

АМЕРИКА, АВСТРАЛИЯ, АЗИЯ
http://www.kabbalahbooks.info

ЕВРОПА, АФРИКА, БЛИЖНИЙ ВОСТОК
http://66books.co.il/ru/

Михаэль Лайтман

ТАЙНЫ ВЕЧНОЙ КНИГИ
Каббалистический комментарий к Торе
Том 5

Редакторы: Э. Сотникова, А. Постернак.
Технические редакторы: Л. Жиленкова, Э. Стосман, Н. Серикова.
Верстка: Ю. Дмитренко.
Оформление обложки: А. Мохин.
Выпускающий редактор: С. Добродуб.

ISBN 978-5-91072-090-3

www.ingramcontent.com/pod-product-compliance
Lightning Source LLC
Chambersburg PA
CBHW071221080526
44587CB00013BA/1456